心の超人に学ぶ！

生きる力が湧いてくる
34のメッセージ

秋山眞人
Akiyama Makoto

さくら舎

はじめに

私がなりわいとしている仕事は、人生の総合的かつ具体的なアドバイザーのようなお仕事です。

孤独な大金持ちの相談にものりますし、資産に恵まれたボンボンやお嬢さんにも触れたし、大変な両親のもとに生まれてきて、そこから必死で歯を食いしばっていろんなことを学び、はい上がってきたような起業家たちにもアドバイスを差し上げてきました。

経営実務から学校教育、恋愛、エンターテインメントにいたるまで、たくさんの数の、立ち位置を生きた人たちを見ました。

ではそこに理不尽な人生、恐るべき不平等を見て憤ってきたのかというと、そうではありません。幸せになるとか、楽しい人生を送るとか、生き生きとして生きるということに関しては、神様は人間に対して平等なんだな、というのが、私が揺るぎなく悟った結論であり、それがあるからこそ、アドバイスが可能なのでしょう。

人間は、幸せになる、楽しくなるということにおいて、厳密に平等である。そして、そういう法則性を維持しているのが自然なのだなと感じました。自然破壊、環境破壊などとよくいいますが、人間は、自然から一歩も外へは出ていない。そのことを、子どもの頃に「稲の穂」から学んでいたような気がするのです。

私は13歳の時に、田舎に引っ越しました。町から田舎に来て一番感動したのは、稲の穂が実る時期の月明かりの夜の光景です。

どこまで眺めても、稲の穂がずーっとつづく場所があって、穂穂の列が定規で線を引いたようにそろっているのです。たまに、そこをいろんな生き物がぴょんぴょん飛び回ったりもする。月明かりの下です。黄金色《こがね》で、それはそれは美しい。ああ星がきれいだし、お月様もきれいだし、不思議な光景だな。そう思っていつまでも眺めていたことがありました。

その時、ふと不思議に思った。なぜこの稲の穂は、実をつけて生えそろうと一線でそろってしまうのだろう。線を引いたように整ってしまうのだろう。自然界というのは、自然にのっとっていろんなことをやり遂げてみると、必ず誰もが平等に到達する境地があるのではないか。

まさしくそこには、豊かさと、宇宙全体を包み込むようないのちの真理が、その稲の穂という一点に込められている。そう私には思えたのです。

私の人生のひとつの面では、そういう真理とか、人生を生きる糧になるような言葉、概念を探してきました。さまざまな素晴らしい邂逅《かいこう》もありました。

これも13歳の時でしたが、本当に不思議なことに、何か念じると物が動いたり、曲がったり、いろいろな人の気持ちがわかったり、地震が起きる少し前に心がざわざわしたり、そういう感覚やら能力の表現が、私に発現しました。それが、ほかの人と違うんだということに気づくまでには、少し時間がかかりましたが……。

社会では、それをやれ超能力だの霊能力だの、ああだこうだといいつのりますが、私は、そういう心の力の奥行きが、物や科学ではかれるものを超えているということを、子ども心に最初からなんとなくわかっていました。

今は、私はその力と体質を幸福体になること一点に集中して生きてきました。

私は、他者の邪なる体質を、かかわることによって取り去り、会うだけで幸福に向かわせるプロです。

宗教学では、こういう人間のことを「実践者」といいます。実践者には、大きな宗教の教祖とか、悟りを得たと主張する人、また、人にその自分のカリスマ的な能力を説く人などもおりますが、私は、そもそも10代で未熟なまま実践者というくくりの中の人間として立ったのでした。

今も、当たり前の人間でありながら、接するのみで、他者の「性《さが》」と対決し、取り去るという現実を生きています。

56歳で大学院に行き直して、宗教学で修士論文を提出しました。「宗教学をやりました」と話すと、「ああ、秋山さんは、宗教をやっていらっしゃるんですね」とか「宗教がお好きなんですね」とよくいわれます。

宗教学というのは、宗教を客観的に、ある意味で批判的に見なければいけない学問です。学問である以上、客観性を担保するということは、学問ゲームのルールとして一番手前に横たわっている問題です。

宗教学をやっている人たちは、その宗教をやっているわけではなく、何かの基準値に目盛りを合わせて、いかに客観的に論じるかに苦心しているのです。何を基準にして切るか、学問では常にそこが問われます。

私が専門として提出した論文は、大正時代にフィールドを設定しました。この時代は、西洋文明と東洋文明が激烈にぶつかった、最も激しかった時代です。そのため、精神の基準値を高める社会のニーズが大きくなり、結果として『心の超人』たちが群雄割拠した黄金時代となりました。

私の論文は、その大正時代にあって、さまざまな生きる哲学、生きる実践学を説いた人たちを何人か抽出し、その人たちの思想性にどういう傾向があったのかを研究したものです。2年間にすぎませんが新発見の事実もあり、ここでの格闘は私の財産になりました。

当時の宗教学の先生たちには、厳しく学ばせていただきました。「秋山くんは、なかなか客観的にそういう人たちのことを見られない。君に、そういう実践者的な性質があるからだ。だからこそ、人並み以上にそういったものを客観的に見なさい」。そういう優しくも厳しい指導を受けたものです。

最初の頃の私には、何が客観的かということさえよくわからなかった。しかし、一年二年がたって論文を書く頃になると、そういったものを一般社会や一般の人の観点から見ることが、多少なりともできるようになっていきました。

一方で、あまりに客観的に見ようとすると、人生に生かす実践的方法論や直感を見失うかもしれないな、とも危惧しました。

私には、どちらもが大事なのです。だから、論文とは別に、この『心の超人』の心に触れるような本は、どうしても書いてみたかった。

私は、放送大学の卒業者で、自力でたたき上げで勉強しました。言い換えれば、いい年になるまで無学で、社会人として実社会の勉強をするほうが長かったのです。サラリーマンを14年やって、独立して自分が経営者になってからもう何十年もたっています。しかし、それ以上に心の力の実践者として生きた歴史は、50年を超えました。

その間、たくさんの人たちの考え方に出会いました。学問としてではなく、現実に戦前、戦後を生きたたくさんの『心の超人』に、まだご存命中にお会いできるという好機にも数多く恵まれたのです。

その中には教祖、思想家、経済人、経営者、カリスマ的な霊能者のような人、スピリチュアリスト、武術家、大学の創設者、電子技術者、さまざまな人がいます。私自身、そういう人たちの言葉に触れて、その佇まいに接し、奥行きに触れ、考え方の足跡を辿り、大変幸せな体験をすることができました。

私たちの日々の暮らしの中でも、「ある人間」を「ある言葉」を吐いたものとして長く記憶したりします。

その言葉を思い出し、ああ、大きい人間だなとか、好きだなとか思います。顔の代わりになるどころか、それ以上のものが、口からほとばしった「言葉という人生の光」です。『心の超人』の言葉は、日常とは別のレベルの内容をもっていますが、これは自分にとっては宝石だ、素晴らしい、そう思えるものを抽出しました。その人たちの核となる言葉とは何なのか。その言葉が、私の直感では何を表し、何が重要なのか。そういったことをきちんと書き出していきたいと思います。

それを受けとめるのは難しいのか。私はそうは思いません。

時間、リズム、場所、空気感、感情。そういった、われわれが日々ガリガリと摩擦熱を持って感じている世界の中に、非常に重要なものがあります。ところが、常に意識化しないと忘れてしまいがちになる。意識を向けて、いつでもできる限りでいいから味わう。お食事をゆっくりかみしめるように味わうことが大事です。

『心の超人』の言葉には、ご飯をどう味わうかというような、お箸の使い方、食べる、かむリズム、目で喜ぶ心、そういったこと一つ一つのやり方が説かれているのではないか。この本が、そういう意味で、豪華なお料理集になっていたとしたら、こんなにうれしいことはありません。

中には、古い時代の言葉もあり、近代のフワフワな精神論や成功学、幸福法というような本になじんでいる方は、超人たちの言葉が重く感じられるかもしれません。

しかし、この人々の共通点は、一時の心の気休め的な言葉ではなく、のちの人々が、時代を超えて「実行」できる現実可能な行動学であるという点が大きいのです。

ゆるふわな精神論の本は日々、書店のコーナーを埋め続けていますし、売れた売れたの大騒ぎですが、なぜそのような本は読み継がれないのでしょうか。大ベストセラーでも消えていくのも私は数多く見ました。

私はみなさんの人生を本気で変えたいのです。

飽きっぽく、まったく学ばず、気分で勝手なことばかり言っていた私でも、人生を変えることができたのですから――。

あなたも、もっともっと幸せになれるはずです。ちなみに、ここにある方々は、宗教を作られたり、さまざまな人生の考え方を本にしたり、テキストにした方も多い。彼らの話をすると、あの教えはホントだウソだとか、偏った思想だとかいう批判をいただくこともありました。

しかし、彼らの心の叫びにウソはなく、一人の人間を100%ウソ、100%本当などという人こそ、学びが甘いと言わざるをえません。

さあ、扉を開いてください。

素敵な方々がお待ちかねです!!

目次◆心の超人に学ぶ!
——生きる力が湧いてくる34のメッセージ

心の超人に学ぶ！

――生きる力が湧いてくる34のメッセージ

第1部　霊性とスピリチュアルの超人

実相の世界に病はない

「生長の家」創始者　谷口雅春《たにぐちまさはる》

出口王仁三郎の直弟子

谷口雅春（1893〜1985）さんという方は、一般には、「生長の家《せいちょう》」という宗教の創始者、開祖として知られています。

宗教学の流れから読み解けば、谷口雅春という方は、大本教《おおもと》という大変有名な戦前の宗教から宗教運動に関わったといえるかもしれません。大本教は、神道系宗教とか民衆宗教といわれますけれども、ある種の社会改革とか、多くの人たちの考え方の改革を目指した宗教です。ここの教祖というか、オルガナイザーといわれた出口王仁三郎《でぐちおにさぶろう》の直弟子としてもよく知られるところです。

谷口開祖も、やはりその人生の中でさまざまな先達の影響を受けたかもしれません。また、さまざまな場所に身を置いたかもしれません。しかし、それがどうかということとはまったく別のところで、純粋に谷口雅春氏が悟ったオリジナルとは何か。その絶対的な境地とは何かということを、読み解きたいと思います。私は、谷口雅春さんの講演を生で聞いたことがあります。そのときの印象は、このあと述べていきますが、谷口雅春さんという方を知るきっかけになった、ある人との出会いから、お話を始めたいと思います。

奇跡をかたる科学者

私が、実践者として生きる上で、最初に影響を受けた方があります。まだ子どもだった私に、大変優しく丁寧にいろんなことを教えてくださったのは、東大で電子工学を学んだ工学博士の橋本健《はしもとけん》さんという方でした。この方は、大変ユニークな電子工学の技術発明をした人で、電光掲示板に大きな映像が出る、あのマンモステレビというものを発明したことでも知られています。

たくさんの特許を取られた先生で、若い時には、発明家として活躍されたのですが、晩年は精神的な探求に入ったのでした。電子工学の、プラスマイナスだけではわからないこと、論じられないこと、そこをさらに超越し

たことに大変関心を持たれました。

日本の敗戦は、橋本さんにとって最大の試練だったようです。「神風が吹かなかった。戦争に負けた」。若い人生の過渡期に、戦後の落胆を経験するわけです。「世の中は、食うや食わずで、ただ一面の焼け野原。日本はゼロになったと感じられた」。そうおっしゃっていました。

そんなときに、この谷口雅春さんがしたためた『生命の実相』という何十巻もあるその著作に触れたのです。橋本先生は、「その本を読んだだけで、もう本当に、死ぬか生きるかのような身体状態だったのが、みるみる回復したんだ」といわれた。「これは、奇跡としかいいようがない。いや奇跡以上のものではないか」。橋本先生は、そう実感されたとおっしゃった。

科学者が、奇跡を語るということは、よっぽどのことなんだろうな、と子ども心にも思いました。橋本先生の話を熱心に伺ったり、研究会に参加したのですが、何より気になったのは、そのお師匠さんである谷口雅春という人です。いったい、どういう考えを持っている人なんだろう。古本屋で、あえてこの谷口先生の戦前戦後にかけての初版本をたくさん買い込み、貪るように読んでみたことがあります。

目を見て感動した

私が、谷口先生の本の中で、一番感銘を受けた言葉は、「実相《じっそう》の世界に病はない」という言葉です。これは短い言葉ですが、簡単ではない。まずここでいう「実相の世界」とは何か。谷口先生は、どうそれを捉えているのか。ここでいう「病」とは何か。この2つのキーワードがわからないと、この言葉の鍵は開かないのです。

実相の世界に病はない。

私は、言葉というものは意味とセットであるというふうに考えます。鍵と鍵穴の関係のように、言葉と意味がセットでしっくりとまとまらないと、心の中に染み込んでいきません。言葉を、何かの情報を伝えるためだけの記号として捉えたら、まるで心というものは理解できない。私は、そう感じているわけです。

最近は、やたら横文字のメールが行き来する時代になり、特にその問題を強く感じます。若い方の前でお話をすると、若い方は私がいった内容が正しいかどうかを、その場でスマホをあやつり調べはじめるというありさまです。

ある方にいわせれば、スマホの中にある情報を部分的に1万語ほど抽出して調査したところ、半分はあたかも真実に見えるウソ情報だったといいます。これでは、なかなか人の心の動きは感じられないだろう。私は、そんなふうに思います。

実際に谷口先生のお話に触れたとき、私は、いろんな言葉を述べられるその瞬間の先生の表情を見たのです。「実相」という言葉を口にされるその時、谷口先生の目は大変生き生きとして、かつ、鋭かった。それが強い印象として残りました。

その講演をお伺いしたときのことは、今でも覚えています。

「実相の世界には、真理があるんだ」

「その実相の世界を、いいあらわしているのが真理なんだ」

「その真理は、たとえば、あなたたちが今日眠いと思って、ウトウトして聞いていたとしても、心の中には必ず染み渡ってくる」

そういうお話をされた。

ああ、谷口先生の真理という定義は非常にユニークだなと思いました。それは1つの言葉の概念というよりも、有益な力そのものなんだな、人を変えるための力なんだな、というふうにも思いました。

先生のいう「実相の世界」というものを、霊的世界とか、神の世界とか、あの世とかという言葉をはるかに超えた、また哲学者プラトンの完全なる世界、イデアなどという言葉もはるかに超えたものとして、私は体感したのです。

「実相の世界には、病はないんですよ」と先生はおっしゃった。この言葉は大変力強い言葉で、著作の中でも何度も出てまいります。私たちは、どこに所属する命なのか。そう考えた場合に、谷口先生は明快に「実相の世界に命の本体がある」といわれる。「そこに本源がある」と捉えているのです。「そこには、本来、まったく不都合は存在しないんだ」

と目を鋭く光らせておっしゃるのです。

いったい、それはどこにあるのか？

奥の世界から見る

ここで先生がいう「病」という言葉は、医学のエビデンスにおける病気という言葉とは意味が異なります。私たちの中にある、不都合、不自然、憤り、嫉妬、妬み。心に浮かぶだけで心が傷つくようなもの、心が萎縮するようなもの。体に現れてくるさまざまな不都合、傷つき、臓器不全。痛み、苦しみ、泣き叫ぶ心、失恋を捉えきれないやるせなさ。そういったものを、すべて総合しての病なのです。

本来は、君たちはそこにはいなかった。その前にいたところ、元の世界に戻りなさい。心を、いったん後ろにもどしなさい。映画のスクリーンの表面だけを見るのではなく、それが映る前のところにバックするんだよ。今の苦しんでいる現象界は、皮1枚の映画のようなものだ。その奥に何がある。映写機があるだろう。さらに、その奥には何がある。監督の心、役者の心、そこを見てごらんよ。こういうことなんだと、私は思います。

当時、私も一時的に「病」に直面して苦しんでいました。そうか、では、そう考えるようにしてみよう。そう心を切り替えると、大変に救われる言葉なのです。

いくら不思議な能力があったとしても、スプーンが曲がったとしても、世の中が楽しく関わってくれたのは半年が限界でした。

テレビやラジオなども、大事に取り扱ってくれたものの、半年たったらどうなったのか。大手新聞やメディアが、「そんなものは、子どものいたずらでインチキなんですよ」と言い出した。「こんな子どもたちに、だまされてはいけません」と報道した。子ども心に、その矛盾や大人たちの二枚舌に歯ぎしりをしたものです。身が裂かれるような思いでした。

子どもだった私は、純粋に、傷ついたと思い込んでいました。しかし、この言葉を学んでいったら、その奥には傷つきもないのです。怒りもないのです。そうやって考えたら、逆に見えてくるものがありました。

世間がなぜこういったものを怖がったり、たたいたりするのか。なぜ過剰に、わけもわからず、持ち上げたり崇拝したりするのか。そういった意味も、少しわかったような気もしたのです。自分も世間もすべてひっくるめて、右往左往する心を、奥の世界から少し垣間見ることができたのです。

ふるさとだった

谷口雅春先生の「実相の世界に病はない」という言葉は、完全な世界とつながる人間というものを、苦しんでいた子どもである私に、最初に示してくれた言葉でした。そこから投影された形の世界、そしてそのグラデーションを生きるわれわれ、そういう人生の諸相を、しっかりと捉える瞬間を体験させてくれた言葉だったんだな、と今思います。

それにしても、みなさんは思うでしょう。実相の世界は、いったいどこにあるの？

谷口先生は、「実相の世界には、不都合は何一つないんだ」といわれています。「まず、そのことを信じるべきなんだ。この世に不都合はないという実相を受け入れたら、不都合は変わるんだ」と、こうもいわれる。

そういう導きのもとに、私たちの生きる「ものの世界」に「実相の世界」を接続させるとき、多くの人は混乱し迷ったりもします。だからこそ、無我夢中で、右往左往して、いろんな感情を抱き、それらの感情に翻弄されながら生きているのです。

そんな苦しいとき、ふと帰りたいなと思う。どこに帰りたいのか。ふるさとです。やはり、私たちにはふるさとが必要です。「形の世界」の、私たちの生まれたふるさとは、みなそれぞれにあります。

しかし、それは過去のふるさと。私は今、60歳を超えていますが、この60年で、静岡にあるふるさとは大変な様変わりをしています。「形のふるさと」には、ちょっと戻りたくないような思いもある。

しかし、「実相の世界」を「心のふるさと」だと考えたときには、どんなに打ちひしがれていても、どんなに苦しくても、どんなに体が動かなくても、今この瞬間に帰省することができる。

実相の世界はどこにあるのか？

ふるさとだから、みんな知っているはず。だから、まず、心に「実相の世界」というふるさとを置いてみる。この世は一見、苦のシャバに見えるかもしれないが、実相の一番奥の世界には苦はないのです。谷口先生は、目を光らせてそういっています。

懐かしいふるさとの自分は、苦しんでいた自分に、万全、万能、安全という心を与えることができるし、そこに戻っただけで、のびのびと、笑顔で大満足している。私は、こんなふうに「実相の世界」を捉えてきました。

私の心の中には、今も変わらず「実相」というふるさとが存在し続けています。

天地とか、真理とか、神とか、信仰とか、そういう言葉はあり過ぎるほどあった。ただし、内容はまったくなかった

思想家　堀田《ほった》建城別《たてきわけ》

国防総省の悩ましさ

堀田建城別という方をネットで調べようとしても、まったく出てこない。おそらく、ほとんどの方がご存じないのではないか。私は、一度だけ電話でお話をしたことがありました。神道家ですが、大変不思議な方で、ＵＦＯと宇宙人の問題に非常に縁のある人なのです。

ＵＦＯ問題は、長い間絵空事だとされてきました。最近、米国防総省がだいぶそれを認めるといういきさつがあって、新たに注目されています。しかし、最先鋭の宇宙開発を進めているアメリカでさえも、この問題を公にするのには、いまだに少し手を焼いているように感じられます。

私が不思議な能力を身につけるようになったのは、ＵＦＯを目撃したことがきっかけで

した。日本社会においても、ＵＦＯ問題はデリケートな扱いが必要で、実際、私はある方にこういわれました。

「秋山くん、ＵＦＯの話をしちゃいけない。君はそういう不思議な能力を持つようになってから、何万人というさまざまな人のアドバイザーをやってきたんだろう。それは十分に社会的実績となっているのだから、いまさら、その直感力が生まれたきっかけがＵＦＯだなんていうと、君の頭のネジの数が疑われるぞ」と。

このようなことを、生で厳しくいわれたこともあるのですが、実際に経験をした以上、ＵＦＯは存在し、そこに乗っている宇宙存在というものがあって、この人たちは大変進化した知性を持っているということを、疑うことはできない。

天から降りてきた

彼らの進化というものも、われわれが宗教的に、理想主義的に投影しているような進化のレベルではなく、そんなわれわれの推察をとてつもなく凌駕《りょうが》したようなところを、彼らは今生きている。そういう人たちなのです。

だから、歴史的にも、われわれに対していろんな影響を与えてきたのです。古代遺跡を見ても、そういった宇宙からの介在者が示唆され、高度知性を持った、宇宙からの介在者なしにはとうてい語れない、といわれるものがたくさんあります。

文明の祖といわれるシュメール文明でも、その石板には「宇宙から来た者たちが地球に文明を与えた」ということがはっきりと記載されています。「もともと命の元をつくった神々といわれる存在は、天から降りてきた」と語っているのは、日本の古事記です。

ネイティブアメリカンの人たちも、「ワシのくちばしのような乗り物に乗って、宇宙から彼らの元になった人たちが降りてきた」と伝えており、世界中にこうした天孫降臨伝説というものがあります。やはり、これは無視することはできないでしょう。

宇宙存在との交信

私は、自分の体験上、超越的な通信手段があることを疑いません。地球的にいえばテレパシーであるとか、以心伝心であるとか、いろんな説明がされていますが、生き物には、考えたことが、考えるだけで共有し合えるような能力が備わっている。そういう存在が生き物なのだと思っています。

ハチやアリは下等な生物だといわれてきましたが、全体が右を向けば右、左を向けば左という通信手段を持っている。ホタルは、あるきっかけをつかむと、何万という群れが同時に光の明滅を繰り返します。

そこには、明らかにテレパシー的な生存の神秘がある。これは、進化がうんぬんという問題以上に、人間の中に眠る能力をさらに飛躍的に高めた存在が、この宇宙にいる、ということの可能性を示しているのではないか。私はそう思うし、実際にそれに触れたことがある。

だから、そういったものが存在するということは、わかっているのですが、面白いことに、過去にも、しかもこの日本で、そういう生物学的な手段でもって、積極的にＵＦＯや宇宙存在と交信しようとした人たちがいたのです。

戦前から戦後にかけて、特に戦後間もなくから１９５０年代・60年代には、この運動は大変ににぎやかになっていました。この運動は組織され、ＵＦＯや宇宙存在を研究しよう、積極的に、生物学的な手段でもって宇宙存在と交信しようとしました。盛り上がってきたこの運動の中心として、ＣＢＡという組織がありました。このＣＢＡの幹部たちが、そういう運動を始める以前に、多大な影響を受けたといわれている人物がいました。それが、この堀田建城別という人なのです。

そもそも彼は、富士山の麓で宇宙人に会ったといわれています。彼にもまた先生がいて、この人は伊東天玄という人です。この方をさらに追っかけると、大本教のメンバーであった友清歓真《ともきよよしさね》さんという人のお弟子さん筋だともいわれます。

雑誌『宇宙人』

堀田建城別さんは、昭和33年ですから、私が生まれる2年も前に『宇宙人』という雑誌を創刊しています。そののちＵＦＯ運動に影響を与えた人たちが、この雑誌の中でさまざまな文章を寄せています。今、読ませていただくと、大変面白い内容です。

その当時、堀田建城別さんは、宇宙クラブというネットワークを主催していて、先生にあたる伊東天玄さんとともに、宇宙人問題をより多くの人に理解していただこうと燃えていました。そのメッセージのひとつが、「地球人も宇宙人の一部なんだ」というものです。

こういったことを唱える運動をするために、船橋に本部を構えて、東京周辺で活動をされていました。『宇宙人』という雑誌は、そのための機関誌で、私は８号分を現物で持っています。

若い私は、どうしてもこの本を手に入れたかった。それで、「在庫があるんだったら送ってください」と電話でお話ししたら、堀田先生が「わかりました」といって、送っていただいたものです。

ＵＦＯの体験もしていたものですから、何とかそれがわかっていただけるように、人に伝えたいのです。そのために、何か参考になる知恵がないだろうか。ＵＦＯ問題に関してどう考えたらいいのか。そういったことを、もやもやと、きりもなく模索していた時代でした。

ＵＦＯ問題は、いろんな角度から研究している人たちがいました。たとえばＵＦＯと接触をした人、宇宙人と接触をした人といえば、アダムスキーという人が有名です。このアダムスキーを研究されていた、久保田八郎《くぼたはちろう》さんという先生がおられました。私は、この方とも仲よくさせていただきました。それ以外にも、肯定・否定、肯定的・否定的の両方の面から研究される方がいました。

久保田八郎先生は、コンタクト派といわれていて、やはりテレパシーで宇宙人とは交流できるのではないかと考えていましたから、アダムスキーの体験は、真実なのではないかという見地から研究をされていました。逆に、そういったものを簡単には鵜呑みにできないけれど、という観点から、近代UFO史の学術的な研究をされた方もいました。

日本で、歴史上一番大きなUFO研究団体といわれるCBAに所属して、UFO史を研究されてきた方もいますが、CBAはいろんな事件があって空中分解してしまい、今はありません。

神道の修行でコンタクト

UFO問題というのは、今や宗教学の一研究課題になっています。歴史的に追う人もいれば、ある種信仰的なものとして研究する人もいます。宇宙人を、天使や神のように捉えてコンタクトを考える人たちの、宗教的な流れを見ている人たちもいるし、現象学として客観的に見ようとする人たちもいる。

しかし、堀田建城別さんがユニークなのは、本人がUFOとコンタクトしたといっているところです。それも、神道を研究している方が、その専門の神道の修行の中で、こういった宇宙存在との交流を経験したと説いているのです。

ＵＦＯ研究団体として、最初にして最大の組織であったＣＢＡは、１９５８年から始まったＵＦＯ問題の草分けともいえる人たちの集まりでした。伊東天玄さんが残した文献や、堀田建城別さんの残した文献を追うとしたら、機関誌である『宇宙人』を読むしか方法がないし、それもそんなにたくさんの資料があるわけではないのです。

それでも、大変に面白く、貴重なものです。私は、直接お話しした折にも、非常に感銘を受けましたが、『宇宙人』には、素晴らしい彼の言葉が書かれています。

「天地とか、真理とか、神とか、信仰とか、そういう言葉はあり過ぎるほどあった。ただし、内容はまったくなかった」

彼は、自分たち以前の宗教に対して、内容がないといい切っているのです。私は最初、この言葉を既存の宗教の全否定と捉えました。堀田建城別は、いったん全否定をした。そして、ここから新しい宇宙信仰を始めたんだ。そういうふうに捉えたのです。しかし最近になってみると、そうじゃないな、ということをすごく感じるのです。

殻を破る

何年か前に、『オアスペ』という本の翻訳をしました。今から２００年近く前に、アメリカで天使の啓示を受けて書かれたといわれる、人類創世記の歴史書のようなものです。これは、アメリカの新自由主義とか精神世界運動の元になった教科書的な本だ、といわれています。

その著者であるニューブローという人がいて、この人は、既存の大手宗教を冒頭から否定的に書いているのです。だから、既存の宗教からこの『オアスペ』という本は目の敵にされました。大変に攻撃もされたし、無視をされたのです。だから、この本の主張は、なかなか広がらなかった。

しかし、受け入れた人たちがいました。さまざまな宗教を遍歴したけれども、多くの宗教で傷ついたと感じた人たちです。セクト主義にもう辟易したと感じた人たちは、この『オアスペ』を読んで、それを機会に、ニューエイジとか、精神世界の新しい心の捉え方にひきつけられたのです。

大自然や宇宙の意思と、個人は直接つながっているのだ。集団とか宗教という代理者を通じてつながっているのではないし、教祖を通さなければ、そことつながらないわけじゃないんだ。こういう考え方に到達したのです。そういう意味では、自由信仰主義ともいえるかもしれません。

私は、翻訳をすることで考えが深まりました。堀田建城別という人は、そういうところに近い道を歩まれた方だったのだ。そう感じたわけです。彼が出している機関誌の中では、当時さまざまな体験をしている人たちが、活発に論じあっています。論じている人々は、実に多彩です。

宗教的な実践者がいます、ＵＦＯを見た人がいる、宇宙人と交信した人もいる、前世が宇宙人だったことを思い出したという人もいる。こういうようなさまざまな方々が、自由に意見を論じ合っている。自由に既存の宗教を論じ合っているのです。この機関誌に、ここまで好感を持てたという秘密は、このへんからきていたのでしょう。

大風呂敷の魅力

何か、日本の近代史を見るようでした。日本は、大陸や西洋からさまざまな宗教が入ってきているのですが、それのいいとこ取りをして、平均的な文化を構築しています。われわれは、日本人でありながら気づかないけれど、ここが大変にユニークな点なのです。こういう姿は、他の国にはあまり例を見ません。

お正月をお祝いしますが、これは神道です。花祭りをお祝いしますが、これは仏教です。クリスマスをお祝いし、最近の最も大きな経済効果があるイベントはハロウィンなんだそうですが、これなどは、ケルトとか少数民族のキリスト教以前のお祭り、信仰に端を発しています。

こういったものを、やすやすと、ゆうゆうと、文化の中に取り入れて楽しんでしまう宗教観は、やはり日本独特なものだろうと改めて思います。しかし、これが、われわれを多くの宗教戦争から無縁のものとし、多くのドグマ的な宗教から解放してきたものなのだ、と感じるのです。

日本人の広げる風呂敷は、とても大きな風呂敷で、精神問題、宗教問題を捉えようとする日本人の自由さを感じるのと同時に、日本人は、あれもこれも一緒に考えてしまう側面もある。今のところ、宗教に関してはそれがよく働いているというふうに思います。

自由闊達にしたパイオニア

近年、精神世界は大変に注目されて、各書店にも精神世界コーナーができて、心の探求や見えない世界の探求が、自由にできるようになりました。自分の好きな傾向の本を読めるようになったのです。私たちが最初この分野を学び始めたときからすれば、天国のような状態です。

私たちの子ども時代、青年時代は、データを探すこともできずに、いろんなうわさを聞いて先生のところに直接電話をしたり、家に会いに行ったりしなければならなかった。それからしたら、今はパラダイスのような状態です。

変化の兆しが出てきたのは、１９９０年代の半ばからでしょうか。そういう精神世界の運動がいろんな意味で社会の表へ出てきて、みんなが楽しむようになります。

私なんかにも声がかかり、当時、青年誌で最も部数が出ていたといわれる漫画雑誌『ヤングジャンプ』の中で、超能力だの、UFOだの、精神世界のさまざまな刺激的な問題を展開する、連載ページを長く持たせていただきました。

その頃の影響もあってでしょうか、いまだにアニメの世界は、精神世界を扱っているものが圧倒的に多いのです。最近はやっている『呪術廻戦』や『鬼滅の刃』にしてもそうです。世界中のアニメファンが、その魅力にはまっています。こんなに大きなパワーをもつ精神世界とは、いったい何なのか。

精神世界は非常に広く、そこにあるものを一気に取り込む性質があります。堀田建城別という人は、神道とUFOという、ふつうだったら出会うことのない道を、交わらせた人です。そして、その中で自由に、多くの人が、見えない世界と対話できる場所をつくった。そういうタブーのない考え方を提示した最初の人物だろうな、と思っています。

本来は、日本のUFO研究史にきちんと名前を刻まなければいけない人なのに、ネットをいくら探してもこの方の名前がなかなか出てこない。そういう状況があります。こういう人がいたということを、後世に残したい。そういう思いから、ここで2番目にお名前を挙げました。

自分を超えるための記憶を探せ

経済学者　栗本慎一郎《くりもとしんいちろう》

パンツをはいたサル

栗本慎一郎さんの名前は、記憶に新しいところだと思います。明治大学の教授をされていて、ユニークな経済学をベースに、社会学的なこと、歴史学的なこと、宗教学的なもの、と多角的な分野に論説をされていらっしゃる。

『パンツをはいたサル』は、氏の最初の大ベストセラーになりました。有名になる学者さんというのは、一般の人にわかりやすい、かつ、面白いたとえ話をたくさんご存じなんだな、と感心しました。

難しい学問を、どういうふうにわかりやすくイメージしてもらうか、このことに関しての言葉の達人がいる。栗本慎一郎さんは、そう思う人の筆頭ですが、私が感銘を受けた栗本さんの言葉は、ちょっとわかりにくい言葉です。

「自分を超えるための記憶を探せ」

言葉というよりも叫びです。彼は叫んでいるのです。「自分を超えるための記憶を探せ」と。これは、最初にあげた谷口雅春さんの「実相の世界」という概念と、少しニュアンスが共通する側面があるかもしれません。

自分を超えよ。どんなときに、この声が発せられるかといえば、自分の悪いところが見えてきたときでしょう。今の自分が苦しい。今の自分が悲しい。とにかくここから脱出したい。どうしても、今の自分という座標軸から逃げ出したいのです。でも逃げるのはいやだ。脱出をしたいのです。そこを超えたいのです。そのとき、栗本さんはこう答えるのです。

「自分を超えるための記憶を探せ」

超越したいと思った場合に、それを超えるためのデータ・記憶はすでにあるんだよ、自分の中にあるのだよ。経済学者であり、データの達人である切れ者の栗本先生が、こういう一言をおっしゃる。私は、感動的に思いました。

精神世界は科学である

栗本先生は、全盛期に『人類新世紀終局の選択』という本を書いています。「精神世界は科学である」というサブタイトルがついていて、１９９０年代の頭に出版されました。

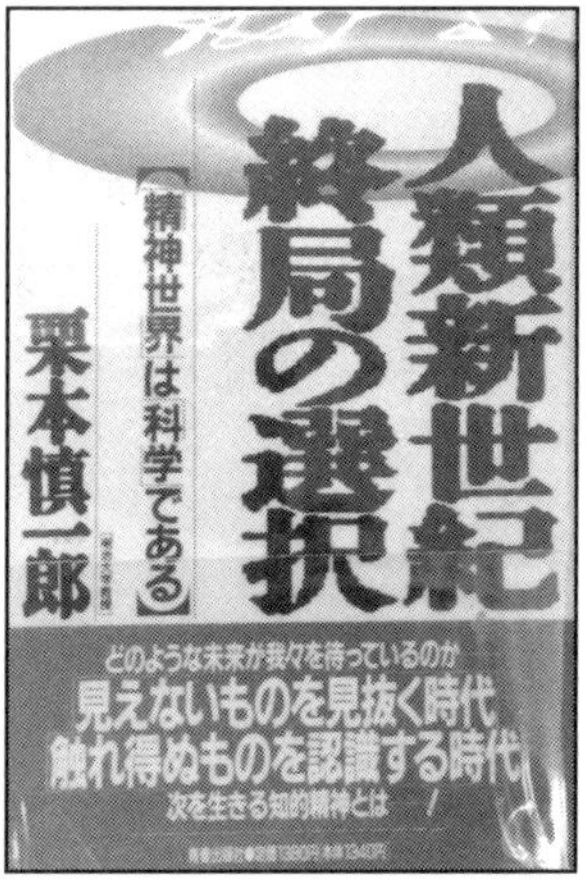

これはある意味で、劇的な本でした。経済学者で、アカデミズム側の現職で、明治大学におられる先生が、ふつうであったら、さげすんだり、軽蔑したり、嫌悪したりするような、混沌とした精神世界は、本当は科学の中にあるべきものなんだと、こう論じられたのです。

テレビの番組でも、堂々とそれを主張されていました。今でこそディベートの番組はたくさんありますが、その走りのような番組で、栗本先生が司会をしていた。私は、そのテレビを見ていました。ある学生が「精神世界とか、そういうものというのは、科学的に何も証明されていないじゃないですか」と発言した。すると、即座に栗本先生が、「それは君ね、見識不足だよ」と答えた。

「君は、見識が足りないよ。精神世界の中には実証されたものがいっぱいあるんだ。人間の潜在能力みたいなものには、実証されたものがいっぱいあるんだよ」と、こういうお話をされたのです。深夜、私はそれを聞いていて大変に感銘を受けた覚えがあります。

当時は、精神世界なんて科学的じゃないとか、合理的でないとか、検証に耐え得ないといったほうが、知性的に見られたし、格好よかったはずなんです。でも栗本先生は、そんな時代にあえて、最も学者としては格好悪いことを声高らかに叫んだのです。精神世界は科学である、と。

この『人類新世紀終局の選択』の中で、当時はやり始めていた霊媒（チャネラー）にも言及しています。アメリカから来たチャネラーで、ダリルという人がいて、彼はバシャールという宇宙人と交信するんだといっていた。この交信内容が、ちまたに影響を与えます。ダリルが交信する宇宙人のメッセージは、何だったのか。「宇宙は、人類にワクワクすることをやれと促している」。このバシャールのメッセージは、チャネリングをはやらせたのと同時に、たくさんの芸術家やミュージシャンに非常に影響を与えました。

当時、この人のチャネリングセッション会場には、宇崎竜童《うざきりゅうどう》夫妻や細野晴臣《ほそのはるおみ》さんや、そういう芸能界の有名人がたくさん来ていらっしゃった。私は、それを直接拝見した覚えがあるのですが、栗本先生も、「そういったものは意味があるよ」と見ていたわけです。

宇宙の記憶

栗本先生の意見で、一番感銘を受けたものといえば、やはりあの言葉に戻ります。自分を超えるための記憶を探せ。栗本先生にいわせれば、もうそういったものはわれわれの中にあるのです。

当然、脳は見聞きしたものを忘れない。それどころか、その脳の記憶というものは宇宙と共鳴して、どこかで宇宙の記憶とつながっている。前世や来世や宇宙や超空間、超時空の情報とつながっている。栗本先生は、そういった考え方を、いろんな意味で、受け入れていたのだと思います。

それが、ようやくアカデミズムの宇宙論の中に登場してきました。最近は、量子論という物理学の最先端の論述の中で、ミクロの世界に入って行くと、「始めと終わりはつながってしまう」とか、「光より速くやりとりされている情報が宇宙に満たされている」といいはじめたのです。

また、最新の宇宙物理学の世界でも、「どうも宇宙の8割方はダークマターとダークエネルギーという物質とエネルギーで構成されているようだ」といっています。最先端の宇宙物理学が証明したことは、宇宙の8割はなぞの物質となぞのエネルギーでパンパンに満たされているんだ、というのですから、これはまた驚くべき話です。

そういった情報記憶というものが、すでに私たちの中に接続されているとするならば、それをちゃんと探せばいいんだ、思い出せばいいんだ、感じればいいんだ、ということになってくるでしょう。栗本さんは、学者でありながら、予言的な論説家でもあったということでしょう。私は、ある種の能力者であったと思っています。自分を超えるための記憶を探せ。それは必ず己の中にあるのです。

宇宙を観察する存在

地球を含む太陽系・銀河系は、巨大な宇宙の端のほうにあるといわれているのですが、なんと秒速200キロ以上で動いているのです。分速でも時速でもない。秒速200キロ以上で動いている。そんなとんでもないスピードで動いているのに、われわれがそのスリルとサスペンスを経験しないのはなぜか。これは、われわれが、なぞのクッション物質で取り囲まれていて、なぞのエネルギーで補完されているからなのです。

それが、どうもダークエネルギーとダークマターといわれるものではないかといわれていて、それに気がついたら、最先端の科学は、この宇宙がまだまだ膨大なわからないもので埋め尽くされているということをなかば証明してしまったことになるわけです。

私たちは、わからないものだらけの中に存在しています。どこかで私たちの無意識は、宇宙を長く長く観測しているかもしれない。私たちに永遠の霊があって、前世の記憶があったとしたら、私たちは膨大な年月、この宇宙を観察しているわけです。だから、もうそんなことはすでに知っている。

私は、量子論の説明をきいたり、サイババやらハワイで活躍された霊媒のラインハートやらが、突然手の中から物質を取り出す現象を見て、多くの人たちが大騒ぎしたときにも、決して不思議には思わなかった。私自身もそれに近いようなことも経験していました。意識というのは、もう物を超えているし、同時にたぶん時間・空間を超えている。

だから、私たちは未来からのメッセージも受けられるし、膨大な過去の前世からのメッセージも受けられる。メッセージを受けるというよりも、今、ここしかわからない物質人間が自分だとしても、その物質の中にすべては刻まれている。万能のフロッピーディスクとして刻まれているんだというのが、私の実感だったわけです。

「自分を超えるための記憶を探せ」

90年代初頭の栗本先生のこの文章は、私の実感はしているけれども、まだ曖昧だった概念を大変強く後押ししてくれたという気がしてならないのです。

記憶は敵ではない

最近、一部の心理専門家のカウンセラーの間で、思い出療法というものがはやり始めているときます。単純に、過去の思い出、「昭和はよかったよね」みたいな話を、みんなが集まってするだけなのです。それだけで、私たちの心が安定するという作用がどうもあるらしい。そういうことが、わかってきたようなのです。

老人会とか、苦しむ若者の集まりで、思い出を語り合うというのはなかなかいいんだ、という話になってきています。じわじわと、口コミで広がっている心理療法の1つだそうです。今を豊かにする糧の記憶は、道具なしに今の心の中にあるのだから、心をうまく活用することです。記憶を活用することです。

記憶は、敵ではないわけです。苦しかったこと、悲しかったこと、憤《いきどお》ること、差別されたこと、区別されたこと、こういったことは、記憶の中でさまざまに渦巻いて出てきます。しかし、記憶の仕組みというのは大変面白く、自分が嫌な感情を今もっていると、似たような嫌な感情をもった記憶が呼び覚まされてきます。嫌な感情を抱えもっているときには、どう逆立ちしても嫌な記憶しか出てこない。

いい記憶を、具体的に呼び覚ます方法があるとすれば、それは今をちょっとでも楽しむことなんです。ちょっとおいしい物を食べた瞬間に出てくる記憶は、自分にとっていい記憶です。友だちと話をしてちょっと満足したな、と思っているときに出てくる記憶は、いい記憶です。

だからこそ、今が楽しいというときに、記憶をまさぐる癖をつけていただければ、自分にとって有益な記憶が、どんどん芋づる式にひもづけられて出てくると思います。今を変えると、全部が変わる感じがします。だから、やっぱり感情と記憶というのは、とても大事だというふうに思います。

神はただじっと見ている

「神道天行居《しんとうてんこうきょ》」創始者・神道霊学理論家　友清歓真《ともきよよしさね》

大本教と対立する

友清歓真（1888〜1952）という人は、もともとは、大本教で学んだ優秀なジャーナリストだったといわれています。大本教が当時発刊していた「大正日日新聞」の編集の責任者でもありました。ジャーナリスティックな観点を持った人で、大本教から始まって、生涯、神道のいろんな奥義、奥行きを追って、独自に修行を重ねた人でした。

大本教を出てからは、山口県周防の国、石城山にこもって長いこと修行を重ねます。ジャーナリストや研究者という枠を乗り越えて、自分自身が直接啓示を受ける啓示者としての修行です。

このころに、友清歓真が創設した神道天行居というグループは、いまだに存在しています。神道霊学の理論家としても名高い人物で、晩年に書かれた『春風遍路《しゅんぷうへんろ》』という本は、

2巻組で出ています。

友清は、大本教と激烈なぶつかり合いをしたことでも有名です。大本教は、日本が大東亜戦争、太平洋戦争に負けることを、達観して説いている面があって、敗戦後に、世の中の建て替え、立て直しが起こることを予言します。ある種の変化、革命が神の意思なんだ、ということを説いた教団でもありました。

そのために、軍部とさまざまな衝突を起こしましたが、友清は、それとは異なり、今回の戦争は、天照大神《あまてらすおおかみ》の御霊《みたま》のもとに戦う聖戦なんだ、という立場を取った神道家でした。この対立は、日本の敗戦によって決着がつきます。

大本教の予言は当たっていたし、正しかった。戦後、友清は懺悔《ざんげ》するような文章もたくさん書いています。そういったことも含め、敗戦の荒廃した国土の中で、友清は、さまざまな角度から神というものの捉え直しをやっているのです。

その捉え直しの結論として、彼が戦前から貫いた考えを表す言葉が残りました。それが、「神はただじっと見ている」という言葉です。

彼の人生は、古神道の求道生活に明け暮れた人生でした。山にこもって激烈な求道生活をつづけたにもかかわらず、神との距離を感じさせるこんな言葉が出てきたのです。この言葉は、神様は、冷ややかというか、客観的な態度をとる、というようなニュアンスとして捉えられかねないものです。

あらゆるところに神の目がある

神の目はクールなのか？　慈愛の目なのか？　何かを待っている目なのか？　それとも厳しい目なのか？　私はこう思います。友清がいった神の目、視線というものの本来の意味は、そのまま神の大きな優しさと、大きな知性を指している。あらゆるものに、その視線は注がれている、ということです。神の目が見落とすことはないのです。

君の心の中にも神の視線がある。宇宙から見ている神の視線もある。地球の地の底から、君を見ている神の視線だってある。自然界にはあらゆるところに神の目があり、すべては神の視線に包まれ、その中にある。そういう巨大な意思が染み渡った自然界を表すべく、「神はただじっと見ている」と、友清はこの言葉を説いたのだ。そういうふうに、私には思えてならないのです。

最近、私は、シャムルアさんというフランスから来日された、精神世界でいろんな経験をされた能力者であり、かつ、若手天才言語学者という方とお話をしました。そのときに、彼はこんなことをいっていた。

「人間個人は、宇宙の意思の眼球のようなものだ。脳の突起物としての眼球があるが、それと同じような構造が、宇宙における人間で、人間は神様の眼球のようなものだ」と。それを聞いたとき、私は即座に、その根本になる考え方が、友清の言葉にあるじゃないか、と思ったのです。

われわれは、宗教的な世界で、「神の一部が人間だ」とか、「神はその姿に似せて人間をつくった」とかいろいろいいます。神というものを、言葉づらでわかった気になっている人が多いのです。

しかし、もし神というものが存在するのであれば、それを明確に自分の中で捉える瞬間というものがあってしかるべきです。それは神との一体感です。実感のある一体感しかない。私はそう思っています。だから、神との実感のある一体感のない人が、神を軽々しく説くなと思います。

私には、いろんな宗教的な考え方をする人と話をする機会があります。また100冊超える本を世に出していると、いろんな方から、ネットに書き込まれてご意見をいただきます。「おまえのこういう考え方はおかしい」とか、「いや、ここは共鳴しました」とか、「部分的に共鳴した」、「部分的におかしい」とか、じつにさまざまです。

私は、あえてそれを広告代理店に頼んだりして消させようとはしません。それはそれで、神の目だと思って見ているのです。

割れた栗のイガ

私は、大本教の出口王仁三郎のお孫さんだった、出口和明《やすあき》さんという方と親しくさせていただいていた時期がありました。出口和明さんは、大本教には予言があったと話してくれました。出口王仁三郎が、その卓越した予知能力をもって幾つかの予言をしている中に、「大本教は、栗のイガのように内側から割れる。しかし、それで世界に広がっていく」という言葉があるそうです。私は、和明さんからそういう話を聞きました。

へえ、と思いました。王仁三郎は、大本教を学び舎とした、さまざまな人々の行く末をわかっていたのか。谷口雅春氏にせよ、友清歓真氏にせよ、それぞれ自分の独自な考え方を目指して散っていきました。割れていくことなどは、すでに織り込み済みだったのか。そういうことで、世界に広がっていくと考えていたのか。

王仁三郎さんの懐の深さは、たいしたものです。やっぱり王仁三郎さんも、別に割れようがくっつこうが、そこは問題じゃないのです。私は、そこでまた友清の言葉を思い出したのでした。出会いも、薫陶も、分裂も、やはり「神はただじっと見ている」のだ。

神は、どこにいる誰に対しても見逃すことなく見ています。そして、「どんな人の中にも、見守っている神の愛情は存在するんだよ。神聖さも必ずあるんだよ。どんなに汚れたと思っていても、美しいものはあるんだよ」と、いっているような気がしてなりません。

友清歓真は、さまざまな論説者と出会って、最終的には四国の宮地家に伝わった宮地神仙道という、日本最古ともいわれる神道の体系を研究しています。私は、神道界で奥義を極めた方だとも思っています。

友清が残した「寿書《スショ》」という書物と、巫術《ふじゅつ》といわれる、お札の書き方とその使い方を示した秘伝書をつぶさに見たときに、友清という人は本当に奥義を極めているな、と感じました。

そのなかの幾つかは、宮地神仙道に伝わったものが活用されています。古神道を復興させる活動家として、戦後焼け野原の中からでも、発信をつづけた友清という人は、大変に奥行きのある人でした。

そうした活動の原動力の秘密も、やはり「神はただじっと見ている」という言葉にあって、友清自身、自分も見られているのだという、愛と厳しさを両方感じていたからではないかなと、私は思います。

友清のイガも割れて

友清の影響を受けたといわれる方々の中には、ＵＦＯ問題にのちのち関わっていった堀田建城別、伊東天玄がいます。ヒーリングとか療術の世界では、絶大な影響力を持った松本道《ち》別《わき》という人がいます。

そのさらに弟子筋が、有名な野口整体の野《の》口《ぐち》晴哉《はるちか》で、健康法の世界からＵＦＯの世界まで、友清はたくさんの人々に影響を与える結果になったのです。やはり、「神はただじっと見ている」のでしょうか。

もし、その神に近づこうとして、神を知ろうとしたら、自分が神のように、いろいろなものを「じっと見る」人間にならなければいけない。そういう意味でもあるでしょう。人の優しさや、苦しみや、人生の機微を、よく観察して、人があまり見ていないものや、見えないものにも好奇心を向けて、なぜだろうと考える。

そういうことも、非常に大事だと告げているようにも思います。そういう探究心がなければ、神を理解することはできないのではないか、と私は思います。

観念は生物なり

心理学者　福来友吉《ふくらいともきち》

『リング』のモデル

この方は学者です。東大心理学研究室の黎明期に活躍された心理学の助教授で、日本心理学の発祥の人であった学者の直弟子ともいわれます。福来友吉（１８６９〜１９５２）。何とも福々しいお名前です。福が来る、友が吉と。この福々しいお名前に惹かれて、この人のいろんな話や本を読むようになったのですが、なかなかご苦労をされた方でした。

じつは『リング』『らせん』というホラー映画の中で扱われた、超能力を持った少女を研究する学者のモデルとして有名な方です。

当時、「千里眼」といわれた何人かの女性の有名な能力者がいて、これがマスコミをにぎわせていました。福来友吉さんは、それをさまざまに調査します。その結果、「これは本物だ。人間には、物質を超えたとんでもない能力があるんだ」と主張された。

また、御船千鶴子《みふねちづこ》という能力者の調査、研究の過程で、頭の中で思った想念のイメージを、フィルムに写し込む現象があることを発見し、「念写」という名前をつけ、その現象について語ります。福来は、そういうものがあるという想定はしていませんでした。透視能力というものは、インチキだといわれやすいものなので、厳格に証明しようとした過程で起きたものだったのです。

ひょうたんから駒

福来は、透視をするターゲットである言葉を、フィルムに焼きつけ、密閉した缶の中に入れて、透視をする能力者に預けました。もしインチキをして、その缶を開封してしまえば、文字はすべて感光してバレてしまいます。論理的に証明するために、なるべく完璧に近い環境をつくっての実験です。

そういう条件で透視をやらせたところ、フィルムの一部が、妙な感光を起こすことがわかったのです。透視をしようと能力者が考える。そうすると、そのターゲットの文字が見えるわけですけれど、その見えるプロセスの中で、不思議な現象が起こっているのです。超能力の周辺効果と呼ばれていて、研究者の間で今も注目されている現象なのです。

何度も実験を重ねて、その不思議な現象を追求していきます。どうも、真っ暗に封印したカメラの乾板の中で、光の湧き出し現象が起こっているらしいのです。それが、ある種の模様をつくっているとしか考えられない。何がそれを起こしているかといえば、能力者が頭の中で考えているイメージしかない。そのイメージが、印画紙に焼きつけられたとしか考えられない。こういう現象がある、というところにたどり着くわけです。

この研究は、昭和5年にイギリスで行われた、全世界的なスピリチュアリストの集まりで、福来によって発表されます。世界的な注目を受けて、この念写の研究に対する英文版の豪華本まで出版されています。

クレージーな現象

念写というのは、冷静に考えると大変不思議な現象です。人間の頭の中に、今、描いている光景と、現実に写真に写る光景が一致するなんて、物理現象としてありえない。頭の中に抱くイメージと、写真が感光するメカニズムとは、完全に無縁なものです。もしそれを実現しようとするならば、頭の中にある何かの映像を、ちゃんと現実的につくって、カメラという機械で、光を利用して撮らなければならないでしょう。

冷静に考えれば考えるほど、念写という現象はいかにもクレージーです。科学的には、心の中で描いた映像と、カメラに写る映像はまったく関係のないもの。これがふつうの正しい考え方です。だから、当然、福来の考え方はふつうじゃないとされました。しかし、そのふつうじゃない考え方は、勝手な思いつきで生まれたのではなかったのです。数少ない優秀な能力者の研究を地道にすすめ、その実験の過程の中から発見されているわけです。

このことがとても重要なことなのです。

のちに、アメリカでも、テッド・セリオスという優秀な念写能力者が見つかって、戦後に研究されたこともあります。テッド・セリオスは、他の場所に置いてある封筒に入っている写真を透視して、それを頭の中で感じ取り、その写真の内容を、今、目の前にあるカメラに、離れた所から念写する実験をし、成功しています。

実験はつづく

石原慎太郎《いしはらしんたろう》氏を顧問とした、日本念写協会というものがあります。ここでも実験がつづけられて、一般の人が印画紙にたくさんの念写した実験データが残っています。スプーン曲げで、一時期寵児といわれた清田益章《きよたますあき》くんの、いろいろな念写実験の記録も残っています。

清田くんが音楽を聴いて、音楽という概念を念写しようとする。そうすると、指揮している指揮者が写ったり、ゆがんだ楽譜が写ったりするのです。音楽から想起されるイメージが、そこに写るという現象が見てとれます。

別の清田くんの実験では、清田くんがホテルのある部屋にいて、漫画家のつのだじろう先生がホテルの別室にいます。つのだじろう先生は、ポラロイドカメラを胸に抱えて座っている。清田くんが、他の部屋からつのだ先生の様子を見て、その様子をカメラに念写するという複雑な実験でした。

そのときに、清田くんはつのだ先生の頭と手を描くのがうまくいかなかったらしい。念写した写真が大変面白い。足は写っているのですが、上半身はサボテンのように何もない。服を着たサボテンのようなものが写っていて、その前に、ポラロイドカメラが空中に斜めに浮いているという写真が撮れたのです。いかにイメージがはっきりと念写に写るか、それが現れている実験でもありました。

念は生きている

福来さんは『心理学審議』という人間の心理に関するぶ厚い名著も出しています。心というものはどうあるべきなのか、どういうふうに教育していったらいいのか、ということに広く論を展開しています。この大学者である福来さんの言葉で、私が感銘を受けたのは「観念は生物である」という言葉でした。著書のタイトル『観念は生物なり』がそれです。

観念は生物である、という言葉は、とても面白い言葉だと思います。超能力といえばユリ・ゲラー、といわれるぐらい有名なユリ・ゲラーが、アメリカのデパートである超能力実験をしました。そのデパート最長のエスカレーターを念力で止めるという実験です。

彼は頭を抱え込むように念じながら、1階からエスカレーターに乗っていきます。数階上がったところで、ピタッとエスカレーターが止まった。

要所要所に検証する科学者が待っていて、いっせいに調べました。ユリ・ゲラーにインチキがないかどうか。なんで止まったのか。そうしたら、その機械の中の一番弱いヒューズが不自然な形でねじ切れていたのです。

ユリ・ゲラーは、「エスカレーターを止めたい」と念じただけなのです。それは彼の抱いたある種の観念です。それを心の中に彼がイメージして、集中した。念の力です。彼の念力は、探していました。一番効率的に、エスカレーターを止める場所はどこにあるのか。それを探し出して、そこを切っているのです。

今まで、さまざまな超能力とか人間の潜在的な能力の検証が行われてきました。すると、あることがわかった。その能力が念じたイメージ自体が、生き物のように自主的に効率化を図り、よりよいターゲットを見つけ出し、そしてそこを加工する。それが見て取れるのです。

まさしく福来さんが到達した結論、「観念は生物である」です。われわれの念の一つ一つが、われわれに忠実な生き物のように、さまざまなものに作用する。これは大変な発見で、忘れてはならないことなのです。

こうなれ！

最近になって話題になっているものに、「引き寄せの法則」というものがあります。「こういうイメージで、こういうふうに成功したいんだ」、そのために「こういうふうなお金があって、こういうふうに使いたいんだ」「こういう仲間と共に、こういうものに恵まれていて、こういううちに住んでいるんだ」。そういうイメージを、身体全体で楽しんで浮かべた場合に、人が引き寄せられたり、ものが引き寄せられたり、お金が引き寄せられてくる。こういったことが、よくいわれるようになってきました。

『ザ・シークレット』という世界的なベストセラー本の中には、各界の有名人がそういうイメージの力を使って、たくさんの立場や名誉、そして人間関係や経済を引き寄せたという話が書かれています。これはいまだに売れつづけているし、私たちは、何となくそこにある体験論に共鳴します。

有名な論説家であり学者の小室直樹《こむろなおき》先生が、自著の中で、「超能力はある。もうほぼ証明されているだろう」と語っています。「しかし、それがどういうメカニズムで起きるのかはさっぱりわからない。これは、まだ解明されていない。超能力は存在するが、メカニズムがわからない」。こういうことをおっしゃっています。

私は、たいへんに心強くも、深い共感も覚えましたが、こうも思ったのでした。いや、ここそが、人間に神性がある、神としての性質がある所以だろう。人間の中にも「光あれ！」と叫んで宇宙ができてしまうような、神の意志とそっくりのものがあるのだ。

この宇宙の仕組みというものは、コンピュータでも測れないぐらい精密な仕組みです。地球がちゃんと一定のリズムで太陽の周りを回っていない限り、われわれは少しも生きていけないわけです。この仕組みが、神の「光あれ！」という一言でなしえてしまう。

私たちの、「こうなれ！」というイメージが明確に今頭の中にある。そのことによって必要な素材がいくらでも不思議な形で引き寄せられてくる。これこそが、「観念は生物である」という言葉の奥行きだと思います。

念がくっつく

ハワイには、カフナという神秘的な哲学があります。人間の心には、アメーバのように伸びたり縮んだりする触手がついている。強く念じたら、その触手がニューッと伸びて、念じたものにペチャッと付着する。ところが、時々、心がそこに残ったまま、ちぎれてしまうことがある。こういう考え方が、カフナの中にあります。

念が残るとか、人生を悔しがって亡くなった人の思いが部屋に残っているとか、おばけを見るとか、ネガティブなほうでもいっぱいそういう話があります。一方では、ある特定の修行者や能力者が「エイ！」と気合をかけたものは、大変に栄えたり、運に恵まれたりするお守りになる、という話もある。

　チャーミングの語源になった、チャームとかタリスマンというのは、人間のそういう念がこもったものを表すわけです。念は宿る。念は生き物のように時空を超えて、しばらくの間そこに、さらに多くの人たちへの影響力を持ったまま残る。念はマイナスの呪いとして語られることが多いのですが、逆に、人の幸せを祈るその祈りが、世界を変えるということも事実でしょう。

　超能力の研究で、大きな存在証明となった、プリンストン大学のジャンという物理学部の有名な教授の研究があります。偶発的に起こることに、観察者の念やイメージが影響を与えるという研究です。

　また、観察者がいい感情を使って盛りあげると、非常に大きな影響を与える。物事の起こり方に偏りが生じる。このことを、コンピュータの乱数発生器を使って証明しました。影響が出る1万例以上の実験による研究で、ほぼ完膚なきまでに再現性を証明しています。

念の寿命

ジャンの共同研究者が実験対象の一つにしたものに、バーニング・マンというイベントがあります。世界中の有名なクリエーターが、ある一定期間、ある場所でキャンプを張って自然生活をします。一瞬の間だけ、みんなで、砂漠の真ん中に町をつくろうじゃないか、という催しです。そのわずか数日間だけ、いろんなクリエーター同士が自由に交流をして、刺激し合って楽しくなるというイベントです。

仕上げの最終日に、巨大なわら人形を一気に燃やして盛り上がります。これは、じつはケルトの習慣です。

ジャンの実験を検証した、何人かの先生のメンバーがこれに参加していましたが、最終日のバーニング・マンで、みんながクリエイティブになった気分で盛り上がる瞬間に、乱数発生器に何か影響が出ないか検証しました。すると、大変な乱数の偏りが出たのです。やっぱり祭りというものは、何か影響力を持つのです。

そういった統計的な偏りというものは、何かの不幸な出来事の前兆としても起こることがあります。ふだんあまり起き得ないような超常現象が、大きな事件や事故の手前で発生することが多いのです。これは面白い傾向で、やっぱり念は生き物であると、私は体験上、共鳴するのです。

念という生き物は、今までも、私たちの歴史に多大な影響を与えてきました。最近ある能力者と話をしたところ、４００年近くたって、関ヶ原で最近幽霊を見なくなったといっていました。それが事実だとすれば、念の賞味期限は４００年ぐらいなのか、と思いました。いろんな怨霊も400年ぐらいで相手を許し得るのかなとも思います。

しかし、400年も自分の思いのちぎれた心の力の一部を、どこかに残してくるのだとすれば、ちょっと考えなくてはいけないでしょう。

生きている間は、この観念という生物を、少しでも自分が発展するほうに触手を伸ばして、力として存続させていく。さまざまな引き寄せを起こして、「幸せになるほうにこの生き物をかわいがっていく」。このことが重要ではないかと思います。

忍術の忍は忍耐の忍であること、精神の忍耐、肉体的な忍耐を本領とすること

忍術家　藤田西湖《ふじたせいこ》

陸軍中野学校の創設

藤田西湖（1899〜1966）という人は大変面白い人で、論述によれば伊豆大島の生まれだそうですが、多芸多才な方で、絵も描くし、歌もうまかったようです。若いときは、旧日本軍、それも非常に初期の頃の密偵だった。つまり、スパイとして大陸に潜り込んでさまざまな諜報活動もやったといわれています。

歴史上に強く名前が残っているところをピックアップすれば、この1つは忍術家です。甲賀流の十四代目。さらに有名なのは、そういった歴史的背景や、その諜報活動の実績が評価されて、戦時中には、陸軍中野学校の創設の中心的メンバーだった、といわれていることです。藤田西湖がつくった教育カリキュラムを学んだ人たちには、中村天風《なかむらてんぷう》さんもいたし、手かざしの日本で最大の宗教をつくった岡田《おかだ》光玉《こうたま》さんもいました。日本にヨガを広

めた沖正弘《おきまさひろ》さんも、藤田西湖のカリキュラムの学習生であったことが知られています。

その人たちが戦後どういう活動したかを見ても、非常に精神的に影響力の強い人だったのだろうと思われます。

意外な教え

カリキュラムに関しては、面白いエピソードがあります。私の母方のおじが、中野学校にいた時期があるのです。そのおじに、「中野学校でどんなことを教わったの」と聞いても、おじはあまり多くは語らなかった。しかし、亡くなる前にポロッとおっしゃったのが、「誰のために死ぬのか」という教えです。おじは、中野学校の入学時に「君は、誰のために死ぬんだ」ときかれたというのです。

当時の軍の常識からすれば、「天皇陛下のためであります」と答えるはずなんですが、そう答えると大変怒られて、独房に入れられたそうです。独房で、みんな悶々と考えているわけです。当たり前のことをいったのに、なぜ「本当のことをいえ」と怒られたのか。

数日して、独房から出てくると、「わかっ

たか。おまえ、誰のために死ぬんだ」とふたたび問い詰められる。独房で考え抜いて、ついに本音が出てきます。「母のためです、恋人のためです、子どものためです、家族のためです、村の故郷の人々のためです」。

みんなの本音が出てくると、「そうだろう。まずその本音から、人としての本音の本音の心から、これからやる訓練を捉えていかなければならない」といわれる。そこから中野学校の教育は始まったといわれています。だから、中野学校の人たちは、たった一人で敵地に潜入しても、本当にタフにいろんなことをこなせたのだと思います。

「中野学校で、こういうカリキュラムをやった」と証言する人はまずいません。全然いわない。うちのおじさんも、私が小さいときに、かなりしつこく聞いて、ようやくそれぐらいをポロッといったぐらいです。

ただ一度、ほんとうにゾクゾクしたことがありました。「おじさん、怖いものある？」と聞いたときに、そのおじさんは、しばらく遠くを見て考えていましたが、「無いかな」って静かに言ったのです。

この人は、ほんとうに死線をくぐってきたんだな、と子ども心に感じました。そんな大人を見たことはなかった。中野学校というところは、すごいところなんだなと思いました。

特殊な能力の開発

藤田カリキュラムの中では、いろんな能力、技術を習得させられます。ちょっとした占いの技術があったり、忍術の技があったりします。雑念を没却させて、念を集中させて、人に自分を気づかせなくさせる隠遁の術であるとか、スピリチュアルな技術をたくさん教わったといわれています。

藤田西湖は、忍術家・武術家といわれ、また軍人ともいわれますが、ユニークな人で、戦後もさまざまな活動をされたことで知られています。戦後初めての、日本の占い師の連合体をつくろうとして、奔走したことも知られています。これは、結局実現しなかったのですが、さまざまな武術全般を教える、ティーチングの道場を持っていたのは事実だったようです。

藤田は、危険術の大家でもありました。体中に針を刺しても痛くない、その無痛術とか、腹の上に巨大な石を置いて、それを鉄のハンマーでたたき割るというような、いわゆる危険術を、本格的に日本中に広げた元祖でもあるようです。

藤田西湖は、心理的な実践術を心得ていて、催眠術も得意だったようです。私が小学生のときに、藤田西湖のお弟子さんと称する人が各学校を回ってきて、子どもに催眠術の実演を見せてくれました。

洗脳するということではなしに、心の力はすごいんだよ、ということを教えてくれました。心の力を使えば、どんな苦しいことからも脱出できるし、苦手な食べ物も克服できる。

苦手な勉強もできるようになるんだ、ということを教えていただいた。そういうイベントの機会があり、調べてみたら全国校長連合会が呼んでいるのです。

術をこころえた人が各学校をまわって、「はい、君たち2人は背中が離れない」というと、くっつけられた子どもは、離れなくなる。見ている子どもたちにとって、ショーパフォーマンスとしても面白かったのですが、子ども心に「すごいな、人間の精神力は」というふうなことを思った記憶が、私にはかすかにあります。

藤田西湖は、実利的なスパイ術、諜報術として、情報収集能力の鍛え方、トレーニングの仕方、かつ、才能の発揮の仕方、人間的な心の強化法を、短時間で総合的に軍人に教えていた人物です。戦後、彼の教え子で活躍された方は、そういったことからヒントを得たことが多かったと思います。大変な人物だな、と思います。

縁の下の力もち

藤田西湖の戦前の著書に『忍術からスパイ戦へ』という本があります。忍術をスパイ活動に生かすことについて書いた本で、名著です。晩年は小田原に住んでいたようですが、戦後の著書として『どろんろん』という、甲賀流忍術十四世という肩書で書いた本があります。この本の中で、当時の中野学校の教科科目について書いています。

中野学校の教育科目は、性格の統治、学科および術科の3大部門に分かれ、性格の統治としては、秘密戦士として当然なぞられるべき特性を、つぎのように書いています。「積極性、不屈性、豪胆、細心、機敏などと訓練し、特に物欲、名誉欲、生への執着などの欲望から超脱して、縁の下の力持ちたることに甘んずる心境に達することを目標とした」

私は、これが面白かった。軍人としての名誉とか、勲章をもらうこととか、みんなに称賛されることではなかったのです。藤田西湖が目指す人生の目的は、縁の下の力持ちにあったのです。当然、訓練の過程では物欲・名誉欲もあるでしょう、病気になれば、生きたいと思うのは当たり前です。けれども、藤田は、さらにその先に着地点を置いていたということがはっきりわかるのです。

そういった欲望、執着を超脱して、縁の下の力持ちに甘んずる。これは、自分を低く見下げることではなしに、すべての欲望を超えた充実を得る、ということ以外の何物でもない。私はそう思うのです。

これが世界征服

語学だけでも、英語・ロシア語・中国語・マライ語・ドイツ語・フランス語と、これだけの語学をやっていました。その上で、さらに宣伝・謀略・傍聴・占領地行政と、多角的に何でも知っていなければいけないのですから、超人的な努力を求めたのでしょう。

また、精神教育というカリキュラムがあって、これには細かいことが示されていません。忍術を主眼教育にしているのですが、ここがまた非常に面白いのです。藤田は、こう書いています。

忍術の修行が、スポーツや他の武術と異なる点は、修行の目的や目標の置き方にある。スポーツにしろ、他の武術にしろ、その目標はこれまで誰かが達した最高記録にある。つまりそれを超えることを目標とするのだが、忍者は、その最高記録を最低段階として修行を始める。

この言葉には、ちょっとグッときました。どんな最高記録も最低記録として考えろ。他人が達成した最高記録を、嫉妬して低く見ろということではないのです。

ここを捉え間違えると大変なことになってしまう。過去のどんなものにも酔っ払うな、心酔し過ぎるな。どんなものを突きつけられても、どんな輝かしい人の実績を見せられたとしても、自慢されたとしても、また周りがギャーギャーものをいったとしても、批判されたとしても、自分だけが絶対に到達する最高記録はあるんだと。

「自信をなくした」とおっしゃっている方に、よく申し上げることがあります。「君だってね、誰もやっていない何か仕事を始めたら、その段階で世界征服なんだよ。世界で誰もやっていない仕事を見つけるだけでいいんだよ。そうしたら世界征服なんだよ。世界征服は、そんなに難しくないことじゃないか」。こういう話をよくするのです。そうすると皆さん「アハハ」と笑うのですが、事実そうなんです。

誰もやっていない境地の目的を見つけるにはどうするか。今ある物を組み合わせても、新しい物は生まれるのです。おいしいプリンと、そこにトッピングする何かをつけることによって、まったく新しいお菓子をつくることだって、できるかもしれない。人が達成した何かの発明品があって、その発明品に、まったく誰も組み合わせていないようなものをくっつけることによって、素敵な物ができるかもしれない。

傘というものは、１００年ほぼ形が変わっていないんだそうです。あそこにもし新しい形を生み出すことができれば、とてつもない特許料になるのだそうです。鉛筆に消しゴムをくっつけた人だって、とんでもない特許料を得たといわれています。

藤田西湖は、陸軍中野学校という諜報機関の組織の中にあって、まったく新しい自分、まっさらな心で何かの目的を考える、ということを考えていた。それぐらいのことは、人間には簡単にできるのさ、ということを示しているように私には思われます。

繰り返すのが忍

忍術の「忍」は、忍耐の「忍」であること。藤田西湖は、忍《しの》べということも盛んにいっています。「我慢しろ」といっているのではありません。忍ぶというのは、私からいわせれば、毎日何か一つ、自分が決めた同じことをきちんと繰り返すことです。心の修養のために、毎日きちんと決めた何かを、繰り返す。これが、忍ぶということに通じる考え方なのです。

必ず人を見たら挨拶する。朝、家族の顔を見て、「おはよう」と言い合うだけでもいいわけです。何か美しいものを見て、ほほ笑むだけでもいいかもしれない。でも、決めたら、それを繰り返す。これが重要なわけです。

それで何が分かるのか。同じタンポポを見ても、あれ？ と思う日がある。毎日ちゃんとタンポポを見て、愛でようとするのに、「あれ？ 今日は調子が違う」ということに気づくのです。自分の内面も、タンポポの花が移り変わるように、どこかで何か変化をしている。それに気づく。

そこでやっていることは、内観です。自分の内側を客観的に見る、という視線に気づくことになるのです。今日は、どうもこれだと調子が悪くなるぞ、とか、逆に今日はなんか調子がいいぞとか。

多くの宗教修養の中では、床磨きをしたり、毎日同じ所作を繰り返したり、儀礼的なことを手を抜くことなくやっています。そういう一見無意味にも見える所作が、義務づけられています。これも内観の一種で、気づくためなのです。

何に気づくかというと、自分というものの生命の営みです。自分の体というものも、物質である以上、自然の物質界の何かの周期の影響を受けているわけです。その影響の変化と、バイオリズムというものをよく悟れるようになるからです。

運の5段階評価

「忍」の修行の1つとして、皆さんに、特に若い方に申し上げるのは、一日の自分の状態を5段階評価しなさいということです。今日の運のよさの5段階評価。今日の気持ちのよさの5段階評価。今日の体調のよさの5段階評価。数字をつけて、1カ月間、この3つの5段階評価をやってごらんなさいと。

これだけだったらできるじゃない。1カ月ぐらい忍んでやってごらんよ。本当は、1年ぐらいやるとだいぶいろんなことが見えてくるけどね、というような話をします。そうすると、一定の体の周期や、心の周期や、運の周期があることに気づくわけです。

気づけばコントロールできる。高揚するほうに働く周期が来るときは、逆にのんびりそれに委ねればいいわけです。

下がるときには、余分なあがきをせずに、決められた仕事をなるべくきちっとこなす。そういうわかりやすい、洗練された行動をとればいいわけです。それをやっていると、自分の向き不向きもわかるようになります。

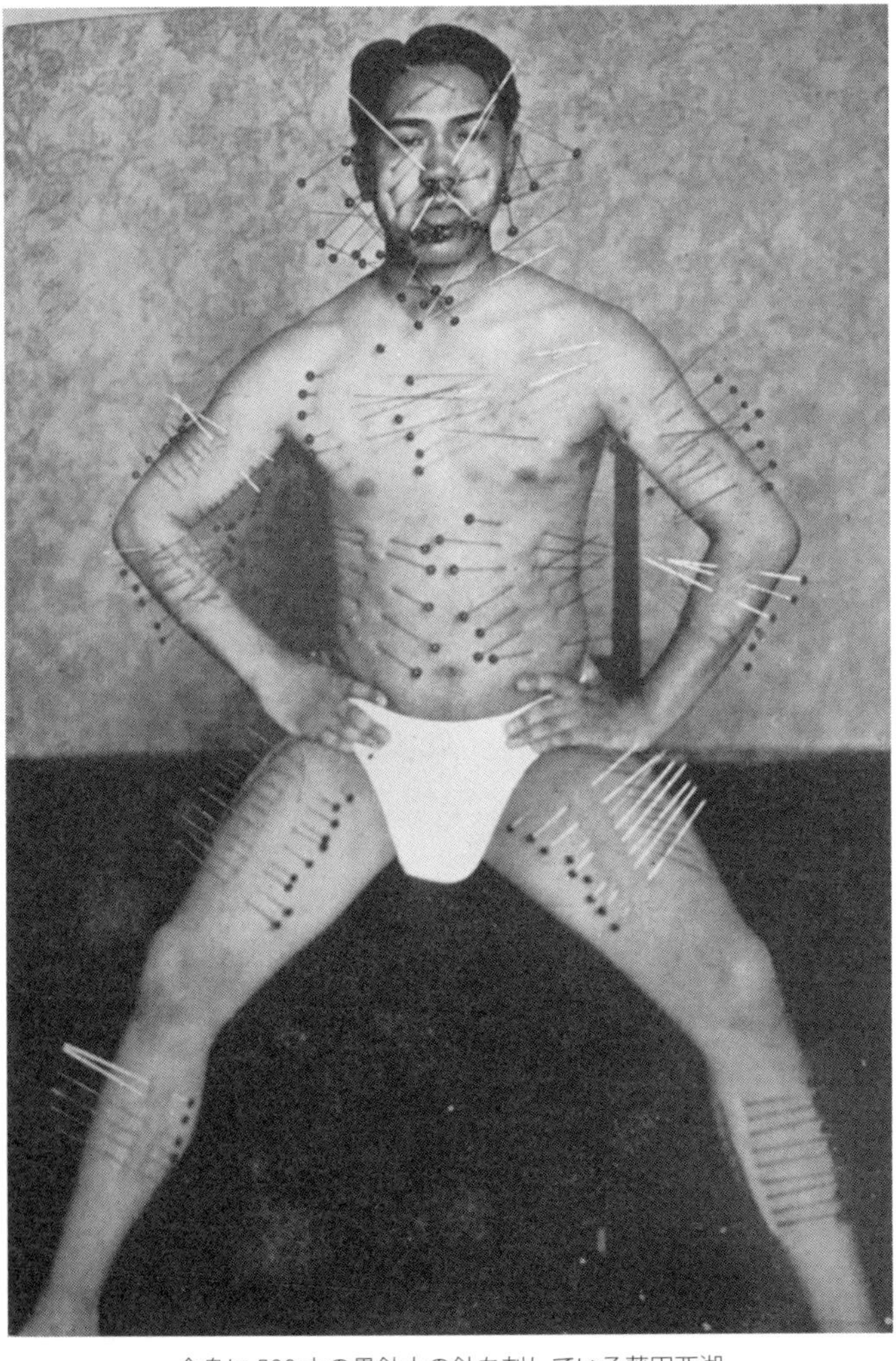

全身に500本の畳針大の針を刺している藤田西湖

「私の天命は何でしょうか」とか、「私はどんな仕事をしたらいいんでしょう」という人があまりにも来すぎて、最近大変に困っています。「おいおい、人生でいちばん大事な宝物を、他人に丸投げするなよ」というのが、本当にいいたいことなんですけれども、これは自己観察をしていないから、そんなぼんやりしたお話になってしまうのです。

まず「忍」の心で、自分の観察です。何と関わっているから、今日は運がいいのか、とか、誰と関わった日は運がいい、とか、どういうテーマを考えていたときには運がいい、とか、それをきちんと観察することです。それができるようになったら、自分を伸ばすテーマは、おのずと引き算ではっきりしてくるはずです。

最後にひとつ面白い事実を明かすと、「忍」を説いたこの藤田西湖は、先ほどの福来友吉が実験台にした超能力少年なんです。藤田勇次というのが本名ですが、福来さんが最後に実験台にした人で、超能力者リストの末席に藤田の名前があるのです。藤田西湖という人は、もともと天才的超能力少年であったようです。

心霊教育は必要、霊の教育は必要。しかし、学校で宗派を授けるな

教育学者・学校法人玉川学園の創始者　小原國芳《おばらくによし》

心霊教育とは

教育学者として、多彩にいろいろな研究をして、戦後、有名な大学の1つを創設された方ですが、この小原國芳さん（1887〜1977）は、「霊という概念を教育の現場でちゃんと教えろ」「心霊教育をしなければいけない」と主張した人でした。

今の玉川学園の在学者からしたらびっくりするかもしれませんが、意外と、大学を創設した戦前戦後にかけての教育者の中には、そういうちょっとスピリチュアルなこととか、精神論に独特な考え方を持っている人は少なくなかった。その元をたどると、小原國芳さんの場合は、イギリスの有名な学校の教育理念の影響をだいぶ受けています。

「心霊教育をするべきだ」という論説の冒頭に、「ただし」ということをいっています。「学校では宗派を授けるな」。これは、偏った宗教の教育をするな、という意味です。俗に、

霊の恨みは末代までたたるといいます。これは、人に恨まれるようなことをするなという意味ですが、そういう心、思いは消えない。これが、霊の永遠という問題です。しかし、われわれはそれをよく知らないのです。小原國芳さんは、だからこそ霊的なことの教育はとても大事なんだ、と考えたのだと思います。

霊は、ものをはるかに超越した、物質の上部にあるんだ。ものより自由なんだ。肉体の中には座っているけれども、自由に広い世界を見聞きすることができるのも、「霊＝心」なんだよ。小原國芳さんには、それを広く学生に知らせたいという理念があったのでしょう。

宗教教育とは

しかし、学校での宗教教育には反対だ、といっています。問題は宗派にあるのだ。そこに宗派が出てきてはいけない。彼は、心霊教育と宗派による宗教教育を区別しています。教えたいのは、霊の永遠です。心霊という存在には、創造の意識、意志があるのだ。そういう素晴らしいことを教育しているのに、多くの宗教学校は、神とか仏を持ち出して偏った宗派のことを教えようとする。子どもたちに、宗派のことを教えちゃだめなんだ。こういうことをはっきりいっています。

宗教系の大学の関係者には、耳の痛い話かもしれません。しかし、この宗教の偏りが、現在のウクライナ戦争の火種をつくったことも有名ですし、多くの戦いの元になったことは知られています。キリスト教とイスラム教の対立が、どれだけの戦争を生んだのか。仏教だって、出てきた当初は、インド仏教内部にたくさんの対立する哲学があったわけです。これとの戦いに明け暮れたというような側面もあります。

日本でも、神道と仏教というものの間に摩擦熱が生じました。結果として、幸いにも、それぞれの宗教文化を高めたというようなこともいえるかもしれません。

そういう見えない世界を偏って信じない、偏りなく見えない世界を受け入れる、それができたならば、われわれの心のありように強い力を与えると思います。そもそも霊というものが、何者にも拘束されない自由自在の存在だとしたら、当然一党一派の偏った考え方に収まるべきではないはずです。

社会の催眠術

もう1つ重要なことがあります。あるものを信じたら、いずれは信じたもののとおりの姿になるという、霊というものの持っている力です。霊というものは、その霊自身が何を信じたかによって、それを実際に形にしてしまう力を持っているという事実です。

いちばん有名な例は、血液型性格判断です。ABO式血液型という分類がありますが、それぞれの血液型と心との関連性は認められていない。多くの心理学の現場は、そう教えています。つまり性格判断が当たるというのは、思い込みなのです。

しかし、面白いのはこのあとです。血液型性格判断は、古川竹二《ふるかわたけじ》さんという生物学者がつくったものです。しかし100年信じられつづけたら、当たるようになってしまった。A型は、当時いわれたA型の性格になってしまった。B型もそうだし、O型もそうだし、AB型もそうなのです。

占星術というものは、1000年前の教科書に間違いがあって、科学的な根拠なんかないのです。血液型性格判断よりも根拠がない。しかし、1000年信じられてきた占星術は、やはりそれなりに当たってしまうわけです。われわれが、社会的に「占星術は当たる」という信念を持ってしまったからです。

信念というものは、持とうと思って持てる場合と、自然に社会がある種の信念を共有してしまう場合があって、われわれがその社会信念の催眠術にかかることはよくあることなのです。

霊の自由というものを、常に確保しておくためには、自由に、さまざまな角度から1つのものを見つめ直す理念が必要です。特に、見えない霊とか心というものを捉えようとしたときには、多種多様な観点から自在に己自身を眺めてみること、霊的な世界自体を眺めてみることがとても重要です。

私たちは、無限とか永遠とか、自在という言葉に、大変に憧れますけれども、それの意味は、偏りを持たないことそのものにあります。

今世だけの、小さな世界でものを見ないということも、霊は教えてくれているのかもしれないし、宇宙は果てしがない無限体だとして、その姿に似せて人間がつくられたとするならば、人間の心の奥行きも、無限に広がっているのだ、と教えてくれているのかもしれない。

小原國芳さんの言葉から、私はこんなことを考えます。

いかなることでも嫌々ながら行うときには、すべて害を生じる

ヨガ指導者　沖《おき》 正弘《まさひろ》

新しい考え

戦後、日本はさまざまな体操、体育、肉体強化、健康のブームに飲み込まれていくわけですが、特に戦後直後は、お金をかけないで元気になる方法が、たくさん模索されました。今では、お金をいっぱいかけて、やたら何種類も栄養補給食品を飲んで、道具を使い、外で走ればいいものを、ベルトコンベアで走るためにジムへ行きます。体を鍛えること一つにしても、莫大なお金がかかるという流れになってしまいましたけれども、戦後間もなく大流行した健康法は、その中核が、お金のいらないヨガでした。

静岡県の三島を中心としてヨガを展開した、日本のヨガの立て役者ともいわれている、沖正弘さん（1921〜1985）という人物がいます。私は、本人にお会いしたこともありますし、私の高校のときの歴史の先生が、沖さんの教えを実際に受けた方で、いろん

な面白いお話を聞かせていただきました。沖さんは、ヨガの指導者ですけれども、ヨガのことだけを説いたわけではないのです。

沖正広さんの素晴らしさは、ヨガという伝統的なノウハウで体と心を鍛えることを説いたのだけれども、それを身近な実践しやすい考え方に置き換えていく、生かしていく、翻訳していく、ということをしっかりやった人なのです。

奇しくも、同じく戦前から戦後にかけてヨガを広げた人の一人に中村天風という人がいます。沖さんと天風さんは、同時期に陸軍中野学校でスパイ教育を受けた、昔の軍のエリートでした。中野学校の卒業生は、裸一貫、心一つあればどこへ行っても生きていける教育を受けたつわ者たちです。

沖正弘は、古い儒教的なルールにのっとった教えだけを説いたかというと、そうではなかった。根性論や絶対性を説くこともありませんでした。沖さんが、戦後の若い世代に大変に受けたのは、その言葉が、新しい考え方によって彩られていたからでした。

そういう沖さんを代表する言葉として、こんなものがあります。「いかなることでも嫌々ながら行うときには、すべて害を生じる」。これは、私の座右の銘で、大変影響を受けた言葉です。いまだに、多くの人たちに語る言葉のひとつです。人間の運というものを研究していくと、よい感情になれないときに起こした行動は、運が味方しない、という法則が明確にあります。これは、私の体験からはっきりいえることです。

感情の連鎖

朝起きて、感情状態が悪いときには、会社へ行こうと思ってタクシーを拾おうとしても、タクシーさえ1時間も来ない。そのうち石につまずくとか、嫌なことが連鎖して起きたりもします。何かが足りない人間になっているのです。そんなときこそ、感情を上げる、感情を滑らかにする、感情を豊かにする、楽しませることが大事です。自分で自分を楽しませる専門家にするのです。

今の人たちの言葉でいう、重いと感じるような目的に挑戦するときでも、その重い目的に向かって、どうやったら少しでも楽しくそこに向かえるか、それを考える。こういうことが、人生の成功を考える上では、絶対不可欠だなと思います。

こんな話を、もう40年近く説きつづけてきましたが、よく出てくる反応があります。「いや、そうはおっしゃられても、なかなか感情状態をよくするのは大変なことですよ」という声です。

私にとっては、不思議な言葉です。どんな心の中の作業を見ても、感情をよくすることが一番楽なのです。しかも、自分の中の感情を、自分でよくするわけですから、こんな楽なことはない。

おいしいキャラメルを、ちょっと口に頬張るだけでも、感情状態はよくなります。食べ物の影響は、非常に大きいのです。おいしい物を、ちょっと食べる。ざるそばを1杯だけ食べる。そうすると感情状態がよくなる。面白いDVDを見るとか、音楽をちょっと聴く。これも感情状態をよくします。

細切れの目標

大変に苦しんだ時代がありました。私が組織の中にいた若いときは、高度成長期の真っただ中ですから、「営業を制する者はすべてを制する」と教育されたのです。絶え間なく、営業として成功しろ、といわれたものです。

「どうしたら成功するんですか」「どうしたら営業がうまくなるんですか」と尋ねれば、「根性だよ」といわれた時代です。「根性って何ですか」と聞くと、「たくさんの家を回ればいいんだ」「100軒回れば1軒は成約につながる」といわれます。

当時の勤め先は郵便局だったのですが、郵便局でも「100軒回ってこい」といわれたものです。100軒回って1軒も取れないときなんか、もう苦しみのどん底に陥るわけです。上司に怒られはするし、そういうときに限って、帰りの電車は遅れる。帰ってからも家には誰もいないし、もういろんなことが重なってしまう。害も連鎖して生じるわけです。

そういうときでも、感情を滑らかにして、楽しく仕事をする方法があります。大きな目標をそのまま抱え込まない。たくさんの細切れにして、小さな目標にして、それを一日ずつ割り振っていくのです。一日にやることを、少しでも楽な状態に変えて、やりつづけるようにすれば、大変なことでも、意外と楽しむことができるのです。

計画を立てなければ、難しい目標は楽しめないのです。計画はノルマではなくて、大変な目標を楽しむために存在する、手法の1つなのです。そして大事なことは、それが達成されたらどうなるんだ、ということをはっきりさせることです。

私からすると不思議なことですが、達成されたあとの楽しみ、素晴らしいご褒美をあらかじめ考えている人が意外といないのです。

宝くじを当てる

「宝くじを当てたいんですけど、どうしたらいいでしょうか」というご質問をよく受けます。私は、「運のいい人は、宝くじに当たる。だから運をよくすればいいんですよ」とお話をします。「じゃあ、どうしたらよくなりますか」と聞いてくる。「これはやっぱりね、宝くじを当てた後のことを考えておくことです。つまり使い道ですな」と、私は答えます。

多くの人たちは、お金持ちになりたいと思って、どうやったら稼げるでしょう、どうやったらビジネスで成功するでしょう、そればかりを口にします。宝くじを当てたいと思っている人と一緒です。使い道を考えていない。

儲けたらどうしようか、よし、したいしたいと思っていた、あれをしよう、がない。日本の経営者が、海外に比べてボランティアや文化事業に投資をする人が少ない理由です。しかも、成功してから精神的に落ち込んでしまう人もいる。運が開けないのです。

「成功したら、どれだけ楽しくいられるか」「楽しい未来をさらに広げられるか」ということに、考えが及ばないと、運に見放されます。儲かることが楽しいとはかぎらないのです。嫌々やって、死ぬほど苦労をして、成功したときは、一時の喜びはあるかもしれない。けれども飽きてくるのです。苦しみになってしまう人すらあります。

成功するということは、うまくお金が入ってくるシステムを発明して、その中に自分がいる、ということです。

システムが自動的に儲けてくれるので、今度は、時間が空きます。その時間をどうするか、そこを考えていなかったから、何をしたらいいかわからない。だんだんに成功したその立場に飽きてくる。飽きてくることによって、成功が苦しみに変わる。こういうことはよくあることです。

最近も、ＩＴで成功した若い方が、インドへ行って出家してしまったという事例が話題になっていました。やっぱり、成功したその立場が嫌だったんでしょう。うまくいってみたら、苦しかった。こういうことなんだと思います。

出家をするまではいかなくても、日本国内で楽しめることは、山のようにあるのに、と残念に思いました。世界一楽しめる素材がたくさん詰まっている国が、この日本だと、私は思っていますから。

「いかなることでも嫌々ながら行うときには、すべて害を生じる」。沖さんのこの言葉は、マインドマネジメントの秘訣を述べた言葉です。だからといって、楽しいことだけをやれといっているわけではない。嫌なことを楽しませる手段が大切なのです。

最低でも自分のおもりをして泣きやませる。そして笑わせて、その笑いが成長をして、さらに周りの人が笑うというような構造をいかにつくるか。そういうことを、オーソドックスなヨガを説く手前で、心構えとして沖正弘さんは説いていらっしゃる。

私は、非常に重要な言葉だとみています。

先天の声を聞き、さらにその声をたどりて、先天の霊源に遡《さかのぼ》り、初めて不思議の霊光に接する

東洋大学創設者　井上円了《いのうええんりょう》

東洋大学と哲学堂

この方も、小原國芳さんと一緒で、大学の創設者です。伊藤博文《いとうひろぶみ》などの推進する、時の政府の大学推進計画には少し距離を置きながらも、井上円了さん（1858〜1919）は、仏教徒として、教育に力を入れなければ、日本はおかしくなると考えていました。さまざまな先達の、哲学的な理念を生かした大学をつくろう。そういうビジョンのもとに、義理の親類であった勝海舟《かつかいしゅう》とともに、大学創設運動、教育運動に奔走しました。そして見事、東洋大学を設立します。

設立した直後には、伊藤博文さんから圧力がかかったといわれています。大学お取りつぶし騒動のようなものが起きて、かなり苦労をされた方でもあります。それも乗り越えて、東洋大学は今も人気です。

中野区にある哲学堂は、井上円了さんの構想のもとにつくったもので、広い敷地内を歩いて回るだけで、楽しみながら東洋哲学がわかるという工夫がされています。年に数カ月ご開帳になりますけれど、大変に面白いところです。お化けのモニュメントなどもありますが、施設を巡って歩くだけで哲学の違いがわかり、哲学の面白さがわかるというエンターテインメント施設ですから、いわば学術的なディズニーランドです。

円了さんは、不吉とされている4とか死とかを避ける、そんな通念は否定していました。生活の中で、あえて日本人が嫌う番号を選んでいたそうです。私も、これを実践しています。戦前から霊能で有名だった関西の先生も、4の並びが一番運がいいんだといっていました。車のナンバーから電話から、全部オール4にしなさいといったくらいでしたから、これはこれで面白いものです。

不可思議に迫る

円了さんは、心理療法を整理したことでも有名です。宗教的な見地というよりも、科学的な見地から、人間の心を解き明かし分析した人でもあります。『心理療法』という本が出版されていますが、大変優秀な本です。また、記憶についても研究していらっしゃって、記憶術の著作があります。学ぶ・教えるということの、偉大なテクノマエストロでした。

さらには、魑魅《ちみ》魍魎《もうりょう》にも関心を示して、妖怪を見たという話は、妖怪が存在するのではなく、人間の在り方なんだと分析しています。否定的に、懐疑的に分析する角度からの、妖怪学の流れをつくったことでも有名です。

しかし、根本的な創造の主というものについては確信されていたようで、そういうものの存在を否定はしなかった。また円了さんは、それを人に伝達し、きちんと教えることができると考えていました。

人間の心の奥底にある不可思議というものを、どうしたら伝えられるのか。そのものを教えることができなくても、その不可思議に迫る方法を教えることができるはずだ。そのためには、「まず直感に従うことが大事なんだよ」といっています。

「先天の声を聞き、さらにその声をたどりて、先天の霊源に遡り、初めて不可思議の霊光に接する」という円了さんの言葉があります。耳慣れない方には、若干、単語の翻訳が必要かもしれませんが、悩み多き若い頃、私にはこの言葉がグッと来たのです。

「先天」というのは、われわれの創造主です。仏教では如来、菩薩でしょう。われわれの存在理由としての意思のことで、その声を聞く。「先天」は、誰ともつながっていて、その声を誰もが直感で聞けるんだ、といっています。何をやるにせよ、まずその直感がなければいけない。円了さんは、ここが大事なことだと述べています。

閃くまで待て

科学的にものを考えるのは大事なことですが、科学的、科学的というときに、客観的なデータだけを頼り、直感を軽んじる、または感性とか感覚を軽んじる動きが激しすぎるように思います。スマホをいじりながら道を歩く人が増え、どこのお店に入ってもタブレットをいじらないと注文できなくなってしまいました。

言葉が嚙み合わない世代間の断絶が深まっています。さらに平等な教育という名の下に、大学にいく進学率は上がっていますけれども、奨学金は重く、30代までのしかかるということになっております。

これは、出発点の道筋がちがっているためです。スマホではなく、まず直感の声です。直感の声を聞いて、その霊源に遡る。

源に遡るというのは、いろいろ体験してみるということです。学術と並行して行動する。勉強しながらいろいろ体験をする。人に触れれば、他人の経験を、たとえ一部であれ共有することができます。

人の体験談を聞くのも大事ですし、当然、自分で体験するのも、その道すがら大事なことです。そうして初めて、その末に、不可思議の霊光に接することができる。円了さんはそういっています。

霊光というのは、明らかということですから、「わかった！」というひらめきです。マンガの世界では「わかった！」という瞬間の様子を、頭の上に電球をのっけて描きますが、やっぱり、ひらめきは光を伴うのです。面白いものです。これが「ユーレカ！」です。

どこの扉をたたくか

井上円了さんは、筋金入りの学術者であったと思います。ある意味で、ものを学術的に、批判的に研究して考えることに長けていた方かもしれない。

批判的、客観的に対象を分析することは、当然のこと大事です。そうすることで、8割、9割がたの余分な妄念から自分を引き離すことができるようになり、距離を置くことができるからです。

しかし、最初の第一歩は、直感で必要なことを見つけて、必要な方向に踏み出す。結局それしかないわけです。何かを勉強してわかった後では、ある程度物事の分別はついてくるでしょう。

しかし、何かを目指す最初には何も知らない、何も経験がない、何も勉強していない、そういう人が、まず扉をたたくわけですから、その瞬間、どこの扉をたたくかで人生が決まります。何を信じるかで人生が決まります。

「先天の声を聞き、さらにその声をたどりて、先天の霊源に遡り、初めて不思議の霊光に接する」

大きな先天の声に耳を傾けて、宇宙に目を開き、自分の中にある絶対的な意思を感じようとしてみなさい。円了さんは、26歳の私に、そのように促しているように感じました。
この言葉こそ、私が、何のあてもなく東京に出るきっかけになった言葉なのです。

真理は平凡なり

整体術　山田《やまだ》信一《しんいち》

健康術の草分け

この人は、一般にはあまり知られていない偉人です。日本でいう整体術、横文字ではカイロプラクティックですが、この流れの源流にいる人です。山田信一さんは、戦前にすでにオリジナルな形で、山田式整体法というものを体系化していました。

日本の伝統的な骨接ぎであるとか、東洋的な整体術とか、西洋的なオステオパシーだとか、カイロプラクティックは、当時からあったのですが、そういったものを合体させて、総合的な健康術、健康矯正術にまとめ上げたのです。

山田信一さんは、のちに登場する多くの治療家に、多角的に影響を与えたといわれています。また、宗教学の研究の対象となっている人でもあります。整体術を1つの信仰と捉えて、そこに多大な影響を与えた人ということで、山田さんを研究している方が何人かおられ、宗教学の分野では氏を扱った論文が出ています。

ばかになれ

彼の有名な言葉には、なかなか面白いものがあります。最近は、治療術をやられる方が難しい宗教的哲学を説くのは、けっこうありがちです。「君はこういう理念を持ちなさい、そうすれば背骨も真っすぐになる」とか、そういうカリスマ然とした方が多いのですが、山田信一さんが残した言葉は、あっけないほど簡単なものなのです。

あるお弟子さんから、「真理を得るとは、どういうことですか」と問われたときに、こういう言葉を残しています。「真理は平凡なり」。だから、「ばかになったつもりで、大事な修練をしなさいよ」と、こう説いた人でした。

真理を難しく説いた哲学者は山のようにいます。真理をさらにわかりづらいものにした人もたくさんいます。宇宙とか、神とか、潜在意識とか、そういう世界に結びつけて説いた人も本当にたくさんいて、今もそういう本はたくさん出版されており、あまりの数の多さに少しウンザリしている方もあるでしょう。

山田さんは、多くの人の好奇心を刺激してやまない「真理」というものを、「平凡なり」といったのです。どこにでもある平凡なものなんだから、「ばかになったつもりでご修練なされよ」といっているのです。「ばかになったつもりで求めて修練しないと、とんでもない方向に行ってしまうよ」といったのが、山田信一さんなのです。

私は、これはとても貴重な言葉だと思っています。

回を重ねる

山田信一さんの著書に、整体術の教本3部作があります。これをザーッと目を通させていただいたときに、かなりの切れ者だなと思いました。当時あったであろう、いろんな分野の優秀な整体術を、ていねいに網羅しているのです。

そういう人でありながら、弟子をたくさん取れなかったらしく、また、この人の名前がなかなか広がらなかったのは、どうしてなのか。

孤高の指導家でもあったのでしょうが、私は、それよりもやっぱり整体の職人だったのだと思います。真理は平凡なり。どこにでもあるんだよ。だから、ばかになったつもりでご修練なされよ。この魅力的な言葉の意味を、さらに追っていくと、何が見えてくるのでしょうか。

整体を1回やった、2回やった、3回やった。ばかのようになって、回を熱心に重ねて自分の体を整えていく中で、自然に見えてくるものがあるよ。私には、そのように説いているように思えます。

その自然に見えてくるものが、真理だから、自分の体の真理は、自分でつかみなさいよ、といっている。でも、それは過度な期待をし過ぎると、意外とわからなくなるよ。こうもいっているように思えます。

言葉にできない場所

私のところへ来て、真理はこういうものだ、ああいうものだという論説を説かれる方が近年多いのです。月に2、3回は、いろんな方からお手紙をいただきます。私はとうとう真理を発見しました、真理はこういうものです。秋山さんは、わかっていらっしゃいますよね、ぐらいのことが書かれて送られてくることがあるのです。

私からいわせたら、そういう人に限ってわかっていない。

しかし、わかっていないなんて返事を出したら、怒られちゃいますから、沈黙を守るしかない。意外と、真理というのは平凡だけれども、到達してみれば、やはり言葉にできない境地なのです。ある種の、言葉にできない場所、ある意味で空間《ゾーン》的なものなのかな、と私は思います。

それでいて、到達すれば元に戻ることはない。ここがとても面白いところです。練習して自転車に乗れるようになった人は、もう乗れなくなることは不可能です。私たちは、一度到達すれば、いつでもその中に瞬時に入ることができる。自転車に乗れなくなるということは、絶対にできないのです。

「できる」ということは、偉大なことです。到達するということは、偉大なことなのです。その中に自分が参入すれば、もうそこから自分が落ちることはなくなる。その絶対的な境地が、真理を知るという境地なんだ、と思うのです。私も引き続き、ばかのつもりで修練はし続けるつもりです。

超能力なんてあって当たり前

文芸評論家　小林秀雄《こばやしひでお》

卑弥呼の国

近代を駆け抜けた文芸評論家というよりも、文学者といったほうがいいかもしれません。小林秀雄先生（1902〜1983）は、私たちも教科書で勉強しましたが、その方面の大家です。

私自身は、いろいろな不思議な精神力とか精神現象を体験した人間ですが、物心がついてから悲しく思ってきたことがあります。

文芸論説家だとか、評論家たちの話を聞きますと、そういう精神の力というものを、無力であるとか、そんなものはありえないとか、一方的にさげすんだように論説する方が多いのです。

その中で、最も大御所といわれる文芸評論家の小林秀雄さんだけが、ただひとり違っていました。ユリ・ゲラー来日の際のスプーン曲げという現象を見て、「超能力なんてあって当たり前ですよ」というコメントをされたのです。意外だったせいか、これは大変に有名な話となりました。「こういうものは、日本に独特の、昔からある伝統文化ではあるまいか」とまでおっしゃったのです。

このお話に触れたときには、血わき肉躍る思いがいたしました。やっぱり小林秀雄さんって、すげえなと思った。当時は、唯物論的な考え方の方が多かったはずです。その中で、こういう論説を述べることは、小林先生あたりの大御所にとってはリスクが大きかったに違いないのです。

ところが小林先生は、「人間が持っている時空を超越した力なんて、あって当たり前なんだ。心の力はものを超えるんだ」と、ゆうゆうと直感的に受け入れていらっしゃる。何らかの体験があったのかもしれないし、細かいことは述べられていないのですが、ユリ・ゲラーを見て、唐突に、「これは日本の伝統文化的なものなんだ」といわれたのです。

この言葉に触れたとき、私も直感的にそう思いました。この国は、卑弥呼がつくった国です。卑弥呼というのは何者かといったら、政治家ではないのです。軍隊の指導者でもないのです。さらにその奥にある仕事、つまり鬼道、まじないなのです。

見えない世界を操る、呪術的な作業をよくした人が卑弥呼です。その卑弥呼を信じる人たちが結集して、最初の国家が形成されていく。それどころか、日本中のそれぞれの地方に巫女さんたちがいて、この巫女さんがそれぞれの地方の国家的文化を形成していたのです。いろんな巫女さんが、群雄割拠していた時代だったわけです。

未来を変化させる力

かつては、ヨーロッパでも同じような事情がありましたが、後から上陸したキリスト教が、そういった人たちを、ウィッチクラフト、魔女として排斥してしまいました。そうしながら、魔女が持っていた薬草をつくる技術だとか、ある種の精神論だとかをうまく吸収していったのです。

日本では、歴史は別の進み方をします。呪術的な力のある巫女さんのなかで、一番力の強かった人が、政治的な頂点に立ってしまった。これはジャンヌ・ダルクに匹敵する快挙です。小林先生が、「超能力というのは、日本の伝統的な文化だ」とおっしゃる基本的な理由は、ここら辺にあるのではないか、と私は考えます。

私たちは、いまでもその流れの中にいます。学術的な文明を築きながらも、お正月にはお守りを買いに行き、お札を手にして帰ります。時々、墓参りはするし、ハロウィンには街に繰り出して、好き勝手な格好をしてばか騒ぎをする。ハロウィンはケルトの祭典だし、クリスマスはキリスト教、お正月は神道の祭典です。

私たちは、自然にそういったものを取り入れてしまっているし、日本の文化の根本的なところには、精神力とか祈りの力というものが厳然とあります。精神の祈りの世界の力が、形の世界をゆうに凌駕して変えていくはずです。

その力が未来を変化させうるのだ、と信じていきたい。「こういう発想は、当たり前のようにあるんだよ」と、高らかに叫んだ小林秀雄という人に、私は拍手を送りたいし、エールを送りたいな、と思うのです。

第2部　思想・技術・運命の超人

われわれをこの世に与えてきたものは、われわれとの新しいつながりをいたるところで待ち受けている

小説家・政治家　石原慎太郎《いしはらしんたろう》

多面的人格

石原慎太郎さん（1932～2022）は小説家であり、政治家でもあった人ですが、若い方々は、石原慎太郎さんが文芸家だったことを知らない人が多いかもしれません。私たち精神世界に関わる人間は、石原先生にはまた別のイメージを持っています。神秘的な世界に非常に関心が高い人というイメージで、実際、さまざまな能力者や教祖といわれた人たちを、深く取材しています。

産経新聞社の依頼でインタビューをした『巷の神々』というドキュメンタリー本がそれで、日本が復興していく時代の一面を表現した、価値の高い本となりました。

また、念写について述べたところで触れたように、戦後組織化された日本念写協会の顧問を長くやっておられました。念じたものがフィルムに感光するという不思議な現象を、

石原先生は当たり前のように受け入れて、日本で発見された念写という現象を究明する運動を支持し、その実験を後押しされました。

私の座右の銘のひとつは、そんな石原先生の言葉です。いい言葉があるのです。

「われわれをこの世に与えてきたものは、われわれとの新しいつながりをいたるところで待ち受けている」

なんてかっこいい言葉でしょう。

何かを感じる

「われわれをこの世に与えてきたものは」、要するに、われわれをこの世に「エイ！」ともたらしたものです。その存在は、「われわれとのさらに新しいつながりを」、じつは未来において、「いたるところで待ち受けている」という、ちょっと比喩的で、遠回しな言葉ではありますが、やっぱり文学者らしい面白い表現だと思います。

首相官邸HPより

「われわれをこの世に与えてきたものは、われわれとの新しいつながりをいたるところで待ち受けている」

いったい、どこがかっこいいのでしょうか。

石原先生が『巷の神々』を書いたころは、宗教的な心情を持つ人たちが街の中で活動し、人々の心を捉えていました。多くの大衆が、そういったものに関心を持っていたし、信じる人たちの人口のほうが多かった。

そういったものに触れて論じるのは、ちょっとオシャレな時代ですから、石原さんはその格好よさの最先端をいく人でもありました。

一方、少年の私は、神や仏を軽々しく口にする人に対して、実は強い憤りを持っていました。13歳でスプーン曲げ少年で話題になった途端に、宗教的な立場の方が接触してきたのです。「そういう能力を持っているんだから、こういう神様を信じなさい」みたいな人がいっぱいやって来た。

その方々は、何を説明するにも、神の力だ、仏だ、神の愛だ、といいます。「神・仏・愛」という言葉を簡単に使うのです。直感的に、どうしてもこの人たちを受け入れることができなかったのです。子ども心に「なんかお酒に酔っ払っているよう」と感じたものです。

それから十数年して社会に出て、しばらく地道に働きました。でもやっぱり「何か」を感じることはありました。人生というのは、どこかで「誰かの大きな意志」に促されているような感じがする。そんなふうに、おぼろげながら理解していたと思います。今ではもう、「そういった存在がどこかにある」ということは十分に感じているところですが、当時は、あえてそれを言葉には出せなかった。

そんなとき、この石原さんの言葉に出会ったのです。

未来を謳歌する

「われわれをこの世に与えてきたものは、われわれとの新しいつながりをいたるところで待ち受けている」

石原さんは、神・仏というダイレクトな言葉を使わずに、「われわれをこの世に与えてきたもの」といっています。私たちは、自分の力でこの世に生まれ出てきたのではなく、私たち人類を、この世に生み出したものがある。この世を、私たちに与えたものがある、ということをこの一言で表現しているわけです。

グッときました。

「神・仏」が一番はやっている頃で、その言葉を出したら何でも簡単に説明できた時代だったのに、「われわれをこの世に与えてきたものは」とまず論じて、さらに未来においても、まったく違う形で、そういった意思は、われわれと再度つながろうしている。その機会はたくさん待ち受けているんだよ、と説いた。

『巷の神々』という本の、最後のほうに書かれているこの言葉は、胸に染みました。

最近も、ふわふわした、宇宙が要求することをやっていれば幸せになれるのだ、みたいなものがありますが、ああいうものとは違って、石原先生の非常に繊細な言葉の選び方を感じます。未来を謳歌している、夢多き頃の石原慎太郎を感じられる一言だと思います。

石原慎太郎さんは、未来でのいろいろなつながりを信じて、まったく新しい世界である政治に飛び出し、中央で政治家をやり、さらにそこからまた離れて、今度は都政に身を捧げたということなんだろうと思います。彼自身が、一番出会いの可能性を感じることを実践された、と思います。

運命とは、ザインとゾルレンとによってなわれている一本の綱ではあるまいか

牧師　平竹《ひらたけ》 辰《たつ》

手相を見る牧師

平竹辰氏は聖職者ですが、手相、人相の研究者でもあった方です。戦前から、社会主義キリスト教の運動者としてよく知られ、社会主義キリスト教運動の元祖といわれた賀川豊彦《かがわとよひこ》の直弟子で、一緒に活動していました。

そういう聖職者が、しかも社会主義的キリスト教の運動者が、手相に凝るというのは大変不思議な話です。この不思議を解く平竹の言葉があります。その言葉は、この人の哲学をよく表していると思います。

哲学用語で、ザインとゾルレン（ゾレン）という言葉があります。最近はあまり使わない言葉ですが、ザインは、存在とか実在と訳しています。すでにここに形としてあるもので、こちらはわかりやすい。ここにあるもの、ということです。

ゾルレンというのは、ここからがちょっと難しいところなのですが、道徳的に、あるいは広く実践的にかくあるべきなんだ、とか、こうなっていくんだとかいう、ある種の概念的なものです。

人間は、オギャーと生まれて、ここにある。人間は存在する。それがザイン。その人間が成長するにつれて、社会にこうありたいとか、こんな夢があるんだとか、こういうふうに生きたいとか、いろいろ思い始める。つまりゾルレン的になっていくわけです。

手相、人相を研究していた平竹は、このふたつの間に、運命の接点があると考えたのでしょうか。こんな言葉をつぶやいたのでした。「運命とはザインとゾルレンとによってなわれている1本の綱ではあるまいか」と。

禍福は平等

賀川豊彦さんという人は、人間は平等だと考えていました。貧富で権利が違ったらおかしい。そこから、キリスト教的な社会運動を広げた人です。日本にいて、キリスト教的平等観を、キリスト教の中でもとりわけ強く実践した人だ、ともいわれています。最近、賀川豊彦は正しかったんだ、間違っているんだ、という論争はあるようですが、戦前の時代からしたら、大変勇気のある民主主義運動を提唱した人です。

その弟子だった平竹辰は、さまざまな有名人の手相の写真を入手して、手相においてはみんな平等なんだと語ります。手相の禍福に関しては、神様は平等につくっているんだと述べています。生まれてきたときの手相、つまりザインにおける手相はみんな平等である。偉い人でも、とんでもなく悪い手相もあれば、悪い人でも、必ず希望の線があったりする。つまり、禍福が平等であると述べています。

その上で、手相は変わりゆく可能性があるんだ、という立場を平竹は取っているのです。生みつけられたものは、絶対に変わらないよ、というのではない。手相とか顔相は、その人が今後、社会に対してどうしていこうとするか、かくやるべきなんだという思いによって、それぞれ変化していく。つまり、ゾルレン的なものによって変わっていくんだよ、と説いています。

賀川豊彦は、どこに着眼して感銘を受けたのか、この平竹の手相学に対して大きな賛辞を寄せています。

希望という見えない力

最近「私、生命線が短いんですけど、どうでしょう」と手を出される女性が多いのですが、生命線は伸びていくものなのです。平竹さんなら、きっとこういうでしょう。

「そんなもん関係ないよ。短い生命線を見て不安になるあなたは、今、いるかもしれない。それは、生命というものに対して自信がない状況があるからでしょう。生命線なんて自分のバロメーターだ、よし、面白がって生きてやれ、とあなたが思ったら、変わっていくのです。何かに興味をもち、これを目標に生きてやれ、と、ガリガリとブルドーザーのように人生を前に進めるのです。そう思うことによって、生命線は伸びてくるし、手の色もよくなってくる」

古今東西、ややもすると、人の可能性を摘み取ったり、おどしの材料としたりするようなヘボ占い師が多い中で、平竹という人はゾルレン的に、心の希望や見えない力で変わりゆくものとして、運命・手相というものを捉えていました。

ザインとゾルレンによってなわれている1本の綱、それを織り出していく人間というものの姿が見えていたのです。その縄は、将来、未来につながっているわけで、それを立体的に捉えたという意味では、画期的な手相・人相の研究者、哲学者だったろう、と思います。

賀川が、彼の手相本に事あるごとに賛辞を寄せているのもわかるような気がします。平竹さんは、単なる博覧強記の人ではないと思います。

彼の本は、手相がどうだうんぬんの評論本ではなく、手相というものから発展して、その立体的な捉え方をはっきりさせる上で、多くの角度から人間を論じています。さぞ、たくさんの哲学書を読みふけったんだろうな、と思いながら、私は興味深く読んだものでした。

手相の歴史は、江戸時代以前からありますが、こういう方が、戦前から戦後にかけて、手相というものをもう1回捉え直している。キリスト教者が、キリスト教の平等やら運命論を1つのベースにして、捉え直しをきちんとやっているのです。

彼が、人間の可能性を捉え直しているところが感動的で、「運命とはザインとゾルレンとによってなわれている1本の綱ではあるまいか」というその綱は、カンダタのあの蜘蛛の糸のごとく、未来という天国につながっているように私には見えるのです。

心霊現象は科学的事実である

心霊主義運動の父　浅野和三郎《あさのわさぶろう》

ハーンの一番弟子

明治政府の大転換によって、江戸の伝統を否定した日本は、西洋の合理主義を学問の成分として大量に取り入れます。旧帝大といわれる大学が、ほうぼうにつくられ、明治政府は、そこにお雇い外国人教師といわれる人たちを、たくさんの国から日本に呼び込みました。ドイツやイギリスからたくさんの教師が来たし、フランス人も来ました。

彼らが教鞭を執るわけですが、その中に、のちに日本に帰化して小泉八雲と名乗ったラフカディオ・ハーンというイギリス人がいました。

彼は、ご存じのとおり、さまざまな日本のフォークロアを、『怪談』という小説の形で海外に発信しています。ハーンは、霊的な世界を研究することに関して造詣の深い方ですが、もともとそういう文化が根強くある、アイルランド系の影響だともいわれています。

その一番弟子ともいえるのが、海軍兵学校の英語の先生をやった浅野和三郎（1874〜1937）だったわけです。近代における心霊主義運動、スピリチュアリズムの父といわれます。

不忍池の啓示

「心霊現象は科学的事実である」。これが浅野和三郎の代表的な言葉だと思うのは、心霊現象を、科学的事実であるといい切っているところです。物理的な影響力を持っているその現象は、われわれが広く、みんなで共有できる明確な客観的な現象なんだ、という捉え方です。浅野は、心霊現象というものを、そういうものとしてしっかり把握しています。

これは、学者としての見識というよりも、「心霊現象は絶対に事実なんだ」という体験からきていると思われます。これを知るためには、彼の学生時代に遡らなければなりません。

英語を学んでいた頃、彼は、美古文体といわれるイギリスのテニスンの美しい文体に憧れていました。ああいうきれいな文章で、何かいい短編小説を書いてみたいな、という思いがあったのです。不忍池《しのばず》のほとりを、そんな思いで散歩していたところ、突如として、短編小説1本分のデータが頭に瞬時にインストールされたのです。

作品のインスピレーションが、完成した形でひらめいたのですが、細部までがあまりにもクリアで、どう考えても逃げられないひらめきでした。なにしろ、1本分がそっくりズドンと入ってきたのですから。

彼は、それをそのまま小説として発表しています。それ自体がちょっと霊的な問題を扱った小説です。この逃げ場のない絶対的体験を元に生まれたのが、あの「心霊現象は科学的事実である」という言葉なのです。

最近の脳生理学的な説明であれば、脳の麻薬物質が操作したんだとか、記憶が誤作動したんだとかいうところでしょう。彼はそのとき、人知を超えて、不可知なものと自分がつながったと感じたはずです。ああ、こういったことはあるんだという衝撃です。何事をも客観的に見なければいけないという、学問的なベースのある人でしたから、それを受け入れられたということは、よっぽどの衝撃だったろうと思います。

「霊界はあるんだ」「霊的な啓示はあるんだ」という不可知論といわれるものを、唯物的なものとしての物差しを当てて測定しようとする科学にもってくる。これは大変なことです。しかし、浅野の書物を読むと、一歩として引いていないのです。絶対に検証できるんだという自信にあふれています。

同時多発的運動

その当時、イギリスのスピリチュアリズムは大変なにぎわいを見せておりました。そういう現象を起こす能力者もたくさんいたといわれています。

　サー・ウィリアム・クルックスという、ロンドン大学のトップまでいった大科学者がいます。ブラウン管の元になった装置を発明した人ですが、この人はケティ・キングという霊媒を使って、心霊現象を具現しています。霊媒の鼻や口から出た、エクトプラズムといわれる物質化現象を通じて、女の子の霊が出現します。クルックスは、その出現した女の子の霊の脈を取ったという記録があります。

　のちのち、これらがたたかれることになります。能力者たちが、つづいて輩出されなかったこともあって、かなりの割合でインチキがあったんじゃないのとか、学者は人がいいから、だまされたんじゃないのとか、そういわれてたたかれます。

　ところが、浅野はたくさんの傍証資料を上げて、やっぱり科学として研究しうるものなんだということを主張したわけです。そういう不思議な現象というものが、果たして人間側がいろんな思い込みで起こす念の作用なのか、または霊的世界からのアプローチなのか、これはいまだに論議があるところです。

　私が面白いと思うのは、世界の各地で起こった同時性です。明治以降の、浅野らの心霊主義運動といわれるものは、大正生命主義などとも結びついて、国内で、大きな盛り上がりを見せます。世界を見ると、ほぼ同時期に、いわば世界同時多発的にその運動が生まれているのです。

フランスでは、アラン・カルデックという人が出した日刊新聞が、フランス国内で最高部数を誇っています。この新聞は、心霊主義者向けの日刊新聞でした。イギリスでは、何万という人が集まるような心霊主義者の大会が開かれたりしています。

前に紹介した福来友吉と、この浅野和三郎は、2人してイギリスのその心霊主義者大会にも参加しており、浅野は日本の神道哲学と心霊主義の接点についての講演を向こうでやっていることも知られています。

科学のまな板

心霊現象は、いまだに科学的な結論は出ていないにしても、多くの方を惹きつけている事実があります。YouTubeなどを見ると、相変わらず怪談に親しむとか、霊的なものに親しむ発信が多く、霊が出るといわれる事故物件やら何となくここにはいい霊が宿るといわれるようなパワースポット、そういったものを気にするどころか、文化の1つとして、日本社会が受けいれているようですね。

老若男女を問わず受け入れている最近の景色を見ると、大変面白い日本文化の特徴だとも思える。浅野が目指したものは、科学のまな板の上にはまだまだ乗り切れなかったものの、日本人の1つの情念として、ある種の見えない社会的なありようには、受け入れられていったのではないかな、と私は見ています。

郵便はがき

切手をお貼りください。

102-0071

東京都千代田区富士見一―二―十一
KAWADAフラッツ一階

さくら舎 行

住所	〒　都道府県		
フリガナ		年齢	歳
氏名			
		性別	男　女
TEL	(　　　)		
E-Mail			

さくら舎ウェブサイト　www.sakurasha.com

四魂とは、奇魂（クシミタマ）、幸魂（サチミタマ）、和魂（ニギミタマ）、荒魂（アラミタマ）をいう

海軍軍人・心霊研究家　浅野《あさの》正恭《まさやす》

心霊研究をする兄弟

浅野和三郎の兄の浅野正恭（1868〜1954）は、海軍軍人でありながら、やはり弟とともに心霊研究をやった人です。ただ、2人のやり方は異なっていました。

兄の浅野正恭は、霊界や心霊現象というものを学術的に追求していったのですが、ちょっと毛色が変わっていて、システム工学的に捉えようとする傾向がある人でした。弟の浅野和三郎は、文学者でしたから、それをどう文学的に表現するかということに傾倒しています。

正恭さんの独創的なところは、古事記に注目をしたことです。「古事記生命の原理」とか、「古事記日本の原理」とかを説いており、古事記を、霊的な世界の構造やシステムを表したものだ、と考えていたようです。

こんなふうに、弟さんの流れとは違うのですが、おいおいは「心霊科学研究会」なるものに合流して、2人とも戦前戦後にかけて心霊研究をしております。兄・正恭は、その研究の中で、四魂というものを論じているのです。

「四魂とは、奇魂（クシミタマ）・幸魂（サチミタマ）・和魂（ニギミタマ）・荒魂（アラミタマ）をいう」という言葉があります。この概念自体は、神道に古くからあるものなのですが、長いこと、はっきりしたところがわからなかったのです。

霊の4つの足

神社に行くと、お祈りの言葉を教える小さなお札がかかっています。そこには、「クシミタマさきわえたまえ、サチミタマさきわえたまえ」とお祈りをしなさい、と書いてある。これは、長いこと神道の中にあった言葉ですが、考えてみても何のことやらさっぱりわからなかった。それで、とにかくありがたい霊の性質を表しているんだ、というぐらいに捉えられていたわけです。

四魂を論じた正恭さんは、「人間の霊というものは、4つの足がある。その4つの足こそ、クシミタマ・サチミタマ・ニギミタマ・アラミタマだ」といっています。足というのは、性質といってもいいでしょう。面白いことに、ユングなどの近代の真理哲学の中で、人間の心というものを4つの性質で表しているのと、ちょっと考え方が似ています。

正恭さんは、ここが人間の霊を捉える上での根本なんだ、といっています。そして、四魂とは何かを解説していきます。サチミタマは情・情け・感情を表す。アラミタマは勇猛果敢な心や肉体的衝動といったものを表す。クシミタマは知性を表す。

もう少しくだいていえば、サチミタマは、「かわいそうだね」とか、「うれしいね」とか、人にかける情、自分の中で生まれてくる喜び、そういったものを表している。アラミタマは、武勇の心、恐ろしいものに果敢に取り組んでいったり、人が避けるものに積極的に手を伸ばす心、そういったものを表している。

クシミタマというのは、人と違う考え方、何かオリジナルの考えというものを、縦にグーッと掘り下げるような力、そういう知性です。

問題のニギミタマ

私が面白いと思ったのは、ニギミタマだけはちょっと他の3つと違うんだ、といっているところです。また、こうもいっています。古い文献には、これは「精気」あるいは、「精なり」とも書かれている。でも、「精」という概念は、わからない概念をまたわからない概念で説明しているようなもので、私にもよくわからない、と。

浅野さんは、「精」の一文字でこれを説明することは難しくて、人間の心を知るにはこの「和」の本質というものを、しっかり把握しないとだめだ、と説いています。

「和」というのは、「精気」という「柔らかい心のありよう」と、「粗暴で荒くて硬いもの」と、この両方の中で生まれ得るものである。つまりバランスといってもいいのかもしれない、と論じています。哲学用語でいくと、異なる2つのものを超越した「アウフヘーベン」という境地を表しているのかもしれません。

現代もそうですが、平和という考え方、和に対する考え方は、われわれがこんなに長い歴史を繰り返しているのに、いまだに考えつづけ、悩みつづけている問題です。特に、こんな平和な時代に戦争が勃発してしまうところを見ていますと、やっぱり和の捉え方の奥行きというのは、たいへんに難しいな、と思います。

聖徳太子は、「和をもって貴しとなす」といいましたが、和という概念はいちばん難しいのです。「みんな仲よく」ということをいっているとしても、じゃあ、仲よくするにはどうしたらいいんだ、となるとわからなくなります。

出る杭を打ちゃいいのかとか、低いものを底上げすりゃいいのかとか、論議は国会論戦に至るまで、その延長線上で続いていて、どれを聞いてもしっくりこないような気がします。

ニギミタマの「和」は、どう捉えたらいいのか。私は、こう思っています。和の御魂というものがあるとすれば、それはわれわれ個々が、われわれ個々の中で、自分のアラミタマを鎮めるものなのではないか。荒々しい心に、決着をつけるような要素を自分の中に探すことなのではないか。

多くの人が、座禅を組んだ境地を求めたり、考え方のある種の妥協点を求めたりするのは、和の御魂がはたらいているのではないか。和の御魂は、ほかのクシミタマ・サチミタマ・アラミタマなどが暴走しないように、落ち着かせるための1つの鍵なのではないかなというふうにも思います。

渡された鍵

日本神道が提示した、古い哲学である四魂というものをどういうふうにシステム的に考えたらいいのか。その答えを求めて、浅野正恭さんは古事記の哲学を総括的に見ていったのでした。

日本の神道においては、神々というものはどういうものなのか。ここから考えを出発させて古事記を眺めてみるとどうでしょう。古事記の世界では、自然や人間の中にあるさまざまな性質が、それぞれ神なのです。たくさんの意志がうごめいているのが、自然と人間の関係なのです。

そこには、たくさんの性質があります。人と自分を分けたい性質があるのは、「分ける」という神様がいるということです。人と融合したい性質があるのは、「結ぶ」という神様がいるということです。その神様のいるところは、それぞれのその意思が働いているんだ、ところ理解するわけです。

神々が８００万も、「やおよろず」もいるということを受け入れるには、それぞれのバランスが大事なこととなるでしょう。それぞれの神々の、交点を見いださなくてはならず、これもまた大変なことです。

私たちの心には、生みつけられた欲望や意思、闘争心、向上心など、さまざまなものがあります。これらを超越する１つの鍵を、私たちは、生涯をかけて見つけなければならない。それが「和」という鍵なのではないか。ニギミタマを追求することによって、浅野正恭はそう示しているといえなくもないな、と私は思います。

各自が日常になさねばならぬことをまず第一に心がけて、しかるのち学問を習い、業務をおさめよ

海軍中将　秋山真之《あきやまさねゆき》

学が大事なのか

『坂の上の雲』という小説で有名な、秋山真之（1868～1918）という人がいます。海軍中将ですが、この人の言葉で、私が非常に感銘を受けた言葉があります。それは、「各自が日常になさねばならぬことをまず第一に心がけて、しかるのち学問を習い、業務をおさめよ」という言葉です。通り一遍に読んでしまうと、何でもないようにも思えるのではないでしょうか。

これは勅語の中に出てくる「学を修め、業を習い」という天皇の言葉を、真之さんが解釈されたもので、「日常になさねばならぬこと」、これがまず第一であって、「学問」はその次である、その順番が大事なんだ、ということをおっしゃっているのです。

ここで不思議なのは、まずは学を修めよ、ではないところです。今の社会は、やっぱり

学が中心のように思います。とうとう最近は親のすねがかじりきれなくなって、多くの学生が奨学金で大学に行かなければならない。これはこれで大変です。

大学を出て、30代半ばぐらいまで奨学金を返済しつづけるのです。こういうけなげな学生たちが、「学を優先」させて社会に出ていく文化が、根づきつつあるわけです。

当然、学は大事です。学問というのは、まず言葉を知るということですから、たくさんの本を読んで、たくさんの言葉を得ようとします。その言葉によって、私たちはたくさんの人たちといろんな考えを共有する。

人の考えも知ることができるし、自分の考えも伝えることができるわけです。学問の重要性は「共有する」という目的のためにあり、そこで学問が成り立っていることです。

いい仕事とはなにか

若い頃、私が不思議なことを経験したとか、人間の精神論の話をしますと、「そんなものは非科学的だ」とか、「物差しで測れないじゃないか」と、科学者と名乗る人からよくいわれました。あんまり盛んにいわれたものですから、科学が食わず嫌いになり、科学を肩書とする人たちとは距離を置こうとして、半ば嫌悪感を持って見るようになりました。

そういう私に対して、「学問は必要なんだよ」と、秋山真之は語りかけてきました。学問は、人といろんな考え方を共有する上で大切だし、お互いがコミュニケーションを取る

海軍中将　秋山真之

上でも重要なんだ。しかし、「その前に日々なすべきことをなせ」。

では、それは何なのかということになります。「日々やらなければならないこと」とは、衣食住のために働くということだと思います。それは仕事でしょう。好きでやっている仕事も、嫌いでやっている仕事もあります。「どう仕事をするか」が、そこで大切になってきます。

労働も、なるべく自分の直感や感覚に合ったものがいいはずです。直感と感覚は大事で、自分の直感、好きだという感覚に合ったものに近づけば近づくほど、仕事は頑張れます。いろんな能力を発揮できるし、日々がはつらつとしてくるのです。

自分のオリジナリティを、どう人に伝えるのかが、仕事をよくするのに必要なポイントでしょう。自分がそれをよく練っていること。また、よく経験していること。日々修練して、自信を持てるようになっていること。

こういったことは、学問以前の問題で、自分の哲学、自分の生きざまそのものです。そのように、秋山真之はいっているように思います。

直感と学術

スピリチュアルな世界では、秋山真之は、天下の大本教という一大宗教を率いた出口王仁三郎に仕えた側近だった時期がありますが、もっとも有名なのは、やはり無敵のバルチック艦隊を悪夢で打ち負かした話でしょう。

日露戦争でロシアのバルチック艦隊が到来したときに、戦力で明らかに日本の負けといわれたバルチック艦隊との衝突劇を、夢で予知しました。対馬海峡で日本海軍とぶつかる。バルチック艦隊がこういう状態で来る。だからこういう戦略で迎え撃て。夢に見た内容を確信して、指令を打電したのです。

彼は、そういう感覚、価値観を持っていました。どんな計算され尽くした戦略や、学術的推論の帰結よりも、自分の感覚・直感を大事にしろ、瞬間的に降ってくるものを大事にせよ。そう、彼はいっているように感じます。

彼が言葉にしている概念は、こういう構造です。ピラミッドの突端、先端が直感や感覚だとすれば、それを正しく地面に接続して裾野を広げていくのが学業であろう。そう教えているのだと思います。

私は、この秋山真之の言葉を尊敬しており、自分が直感的なことでいろんな経験をした人間でありながら、学術的なものをやるきっかけになった言葉でもあります。

生徒は兵士ではない

陸軍大将　秋山好古《あきやまよしふる》

軍人のヒューマニスト

秋山好古（１８５９〜１９３０）と秋山真之は兄弟でした。弟の秋山真之は、海軍の中将でしたが、お兄さんの秋山好古は陸軍の大将になっています。偉い軍人さんですが、若いときから海外留学などをして、実は大変なインテリで、教育学の専門家でした。

好古さんは、戦時中には、軍の教育機関などのいろいろな教育機関をへて昇進していきます。結局、大将にまでなるのですが、戦争が落ち着いた状態になったとき、地元の四国の学校の校長先生に就任しています。

その学校の関係者は、大変な期待をしました。陸軍大将の位を持つ武勇の人ですから、口々に「軍服を着て学校に来てください」とか、「武功の話をしてください」とかいいます。人々の要求は、そろいもそろって、軍人はいかに素晴らしいかを、たくさん話すこと

でした。
そのとき、好古さんはどうしたのか。それらの期待を一蹴して、「生徒は兵士ではない」といったのです。周りの方にとっては、意外な言葉だったと思います。あるいは、目からウロコという人もいたかもしれません。軍人としての聖人君子のような方が、「生徒は兵隊じゃないよ」と一蹴したのですから。

「ぼくが軍服を着て学校に来たら、生徒は緊張するしリラックスできないよ」といいたかったのでしょう。教えるものも、教わるものも、それぞれが平等で、自分をゆるめられる環境の中で、きちんとした学問を学ばせるべきだ、という秋山好古さんの教育理念は、民主主義教育の元だともいわれています。

はやくも、今風な考え方を持った方だったのですが、それはどこからきたのか。彼は、明治の頃から、フランスなどさまざまな国に外遊して勉強しています。それらの国々の学問の現場は、大変に民主的でした。それを体験して知っていたのです。

そこから、軍人でありながら「生徒は兵士ではない」という一言が出てきたのでしょう。それは衝撃でした。ヒューマニズムというものが軽んじられる時代のなかで、それを教育

と思っています。で実践することができた人が、秋山好古さんでした。私は、稀代のヒューマニストだった

考え方の軸

近代になって、もてはやされるようになった新自由主義は、「成功する人が偉いんじゃ」と迫ってきます。「偉い人になるための成功を求めなさい」「失敗がつづいて、貧乏なのはおまえが悪いんじゃ」と追いつめてきます。今という時代は、こういう偏った社会のゆがんだ構造を受容するような成功哲学や、新自由主義がまん延しています。

最近の街を見ていても、学生たちが、コンビニとか牛丼屋さんで元気にアルバイトをしている姿をあまり見ません。頑張って働く、地道な働きでお金をつかむ、そうして社会を学んでいく。こういうことを、みんなが軽んじているのではないかなと思ってしまいます。牛丼屋なんかで働けないよ、コンビニのレジ打ちはできないよと、学生の時分から、そういう考え方がまん延しているのは、とても嫌な感じがします。

そんなときに秋山好古さんの言葉を思い出し、やっぱりすごい人だなと思うのです。生徒は兵士ではないよ、ぼくは軍服を着て学校へ行かないよ、といった平等主義。生徒と自分は、対等な立場で学問をするんだ、という考え方は、今のわれわれが見ても襟を正されます。

軍部が暴走した難しい時代において、それを実践したということはすごいことだなと思います。

浅野正恭・浅野和三郎兄弟もそうですが、秋山好古と秋山真之兄弟も、それぞれ大変個性的です。「日本人がどう生きるか」という日本哲学がまだ固まらなかった時代に、切磋琢磨してそれぞれが模索していたように思います。

前に紹介した井上円了なども同じで、日本のオリジナルの哲学はどうしたら生み出せるのだろうと苦闘しています。「やっぱり西洋一辺倒でもいけねえしな」と腕組みをして考えている。「西洋、西洋、万歳、万歳」という人たちが多い中、たくさんの知識人たちが、「いやいや、それだけじゃだめなんだ」と考えた時代です。

たしかに、西洋合理主義は、物を説明したり整理したりするには便利だ。しかし、便利なものだけに、坂を転がるように走って行ってはいけない。「やっぱり、何か考え方の軸になるものを最初からつくらないとだめだよ」という問題意識を、この2組の兄弟は強く持ったんだと、私には感じられます。

医師は公平の心を持って、公平な見方を持って、取捨すべきこと多きを覚う

医師　水原《みずはらみのる》實

ポンペの直弟子

水原實（?〜1909）は、水原秋桜子《みずはらしゅうおうし》という有名な歌人のご先祖でもありますが、お医者さんです。ちょっと古い方で、幕末の蘭学者。ドイツ人のポンペという医学者を日本に呼んで、海軍兵学校の中で西洋医学を学ばせたとき、その学徒の中にいたのが水原實でした。

彼は、のちに日本最大の産婆学校のネットワークをつくり、それがいまの医科大学の一部になり発展してきました。これが、彼の医学者としての功績でしょう。

医学者の彼は、明治に入ってから、ある種の霊的な治療術というか、精神的な治療術、今でいうヒーリング的なものに急速に傾倒していきます。

そして、『信天《しんてん》養生術』、別名『無病長生法《むびょうちょうせいほう》』という、霊的な治療のテクノロジーの本を

書いています。その中には、あんま法の図が書いてあったりして、現代のカイロプラクティックの原型になるものも提唱しています。

大学院の修士論文に、研究対象の一人としてこの人の名を挙げたのですが、著書『信天養生術』の冒頭に大変に面白い一節があります。私は、これに感銘を受けました。西洋医学を学んだ人ですから、「西洋医学はすげえ」と言い続けるのかと思ったら、ちがうのです。

彼は、こういっています。「医師は公平の心を持って、公平な見方を持って、取捨すべきこと多きを覚う」と。いろいろ取ったり捨てたりしながら、いろんな概念を広く吟味しなきゃだめだよ、といっているのです。

「取捨すべきこと多き」をさらにこんなふうに説明します。「東洋随神信天の仁術に基づきて、古法を取り、進み納め、その固執の癖を捨てて、西洋人智の実試研学を取り、営利の欲を捨てるべきなり」と、書いているのです。

医者の心得をいっているのですが、政府が「はい、明治です、明治です。西洋主義です、西洋主義です」という時代に、西洋医学にどっぷり浸かったこの人が、「東洋の仁術もすごく大事なんですよ」といっているのです。しかし、「そこにこだわることなく、西洋の術も取り入れて、かつ、営利をむさぼっちゃだめだよ」といっている。

東洋医学、西洋医学、体験的な伝統的医療、今でいう代替医療のようなものを、バランスよくながめ、そういうようなものの中にある、治るために必要なものは全部取り入れる。その上で最後にいいます。「営利の欲を捨てなきゃだめだよ」と。

未来にあるエビデンス

学問的な論争の際、「君、それのエビデンスはどうなっているんだ」とよく言い合います。どういう証拠があるんだ、根拠があるんだ、という意味です。今の学問、学者は、エビデンス、エビデンスと、そればかりいうわけです。そういうタイプの学者に教わって、学生もエビデンス、エビデンスという。一種のはやりの言葉です。

科学的な学問は、実証主義的で、物質的根拠が求められているのですが、それがないにもかかわらず、学問のパーツとして成り立っているものもあるのです。人間にとって重要な学問は、エビデンス主義ではないと、私は思います。そういうものが2つあって、その1つは農業です。

農業には、今やっている研究が有効かどうかは、10年後になって初めてわかるという性質があります。相手は植物です。植物を研究するとは、その植物が育って、実がなって、それを収穫したときに、その種づくりがよかったか悪かったかが、初めてわかるものです。他の自然環境に悪影響を与えたか、与えなかったか、という検討も重要です。

農業というものは、エビデンスの対象が未来にある。ですから、「それにはどんな根拠があるのか」という、現在での論争は意味が薄いものなのです。

医学は賭けか

もう1つが医学です。医学においては、現在は根拠を示せないけれど、とりあえず危なくない、安全だ、という治療法であれば、それを試験的にためすことが、ある程度許されています。特に、日本の医学会では、医者の資格を持っていれば、そうすることが可能です。

私は、医学にはずっと関心を持ってきましたが、このことは世界でも類を見ない日本の医学の優位性だと思います。お医者さんによっては、代替医療とか東洋医学を盛んに唱える方もいるし、漢方薬を出す人もいる。もう一方には、「いや新薬だ」という人もいます。お医者さんがやっている作業がこんなに幅広いのも、エビデンスが未来にあるからでしょう。治療にとって、生命にとって、われわれが命を存続させることにとって、有益かどうか。かつ、危険性がないかどうかが医学のエビデンスです。これも、ちょっと先にいかないとその結果はわかりません。

つまり、今までの医学は賭けの要素が多かったといえます。特に西洋医学はそうです。戦後、予防接種の回し打ちが、肝炎という致命的な病気を広げています。国が、大変な補償金額を払わなければならなくなったように、西洋医学の失敗例は、少なくありません。

薬害もみんなが知るところになりました。西洋医学万能論を、今、唱えているほうがおかしいのです。

私自身の経験でもそうです。

小学生のときに大変痛い思いをしました。その頃は、耳鼻咽喉科に行けば、「あ、扁桃腺が腫れているね。切りましょう」といって、ザクザクと切られたものです。私も、アデノイドから扁桃腺から全部取られた。しかし、今は「扁桃腺をそんな切っちゃだめだよ」という時代です。

扁桃腺の辺りで、病原菌の侵入が止まる。扁桃腺があることによって、内臓機能がうまく活性化する。扁桃腺が腫れることによって、体の機能が安定する。そういう側面があることも知られてきたわけです。

未来を直感する

欲に走らない仁術としての医療。西洋一辺倒でもないし、東洋一辺倒でもない医療。それが求められています。漢方は、結果をすぐに出せないから西洋医学に追い越されたわけですが、やっぱり両方のものの見方が必要です。そこの部分の、高度な見分けの技術が求められています。

水原實は、日本の医学の黎明期の学び手でありながら、未来を直感していたように思います。「東洋も大事だけど、東洋に偏りすぎてもだめだよ」「当然、西洋医学のいいところを取らなきゃだめだよ」「欲に走っちゃいけないよ」という3つの視点を、まさに日本の初期の医学を学びながら提言したのですから。

私は、今の医者全体に突きつけたい思いです。「東洋医学をやっているからいいんだ」とか、「西洋医学の最先端だからすごい治療法なんだ」とか、「これは保険外診療でして」みたいな治療に、若い医者がわれもわれもと走るので、ふつうの開業医では食えなくなる傾向があります。

現代のこんな状況を俯瞰的に眺めていると、水原實が『信天養生術』の冒頭でつぶやいた言葉が、強い響きを持って迫ってくるような気がします。こういう人が、医学の黎明期にいたということを、すべての医師は心に留めておくべきだろうと思います。

とにかく笑っていれば運は開く

思想家　吉川一元《よしかわいちげん》

暴走に苦しむ

吉川一元さん（1826〜1909）という方は、とても面白い人だと思います。「とにかく笑っていれば運は開く」という言葉をのこしていますが、どうでしょうか。「それ、いろは歌留多の笑う門には福来たるじゃないか」と、鼻で笑う人もありそうです。ところが、その言葉には『淘宮術《とうきゅうじゅつ》』という密かな奥行きがあるのです。

NHK大河ドラマ『どうする家康』で、徳川家が注目されましたが、家康の指南役として有名なのが天海大僧正《てんかいだいしょうじょう》。この人は不思議な人で、家康につく前は、宿敵であった武田信玄の指南役でした。謎の名僧で、祈禱術がうまく、かつ知恵者だったといわれています。

伝説によれば、この天海がつくったといわれているある種の成功哲学が存在するのです。

それまでは、ずっと秘密裏に伝わってきたといわれているのですが、この成功学を、明治

以降になってから口伝で表に出して、本格的に論じた人がいました。それが、この吉川一元という人です。

一元の弟子だった竹内師《たけうちし》水《すい》という人が、これを本にして大変に注目されました。『天源十二宮講義』という書物です。（「天」、「源」、「淘」。淘ぐは器を洗うという意味です。「宮」。この宮という字は、子宮の「宮」で体を表します。神社のお宮も、神様の体のことです。そして「術」。この5文字を組み合わせた『天源淘宮術』で、成功哲学の術法を説いています）。

根幹になる考え方を、吉川一元は、誰にでもわかるように、歌にしています。その歌は、人間の心の中にある12宮の形、性質を詠んだものです。地（ジ）・結（ケツ）・演（エン）・法（ホウ）・奮（フン）・止（シ）・合（ゴウ）・老（ロウ）・観（カン）・堕（ダ）・煉（レン）・実（ジツ）が、12宮です。

12の性質がひしめき合っている集合体が人間であって、この12宮が間違って強く暴走すると人間は苦しむことになる。だから、この性質をうまくコントロールしなさい。バランスを取りなさい。これが吉川一元の根本思想です。この思想は現代にも生きていて、淘宮術を研究する秘密結社がいまもあります。

12の性質の集合体

★地（ジ）

○ジの性の辛苦の元をたずねれば（その元はどういうことかを探っていくと）、金を増やそう、増やそうがゆえ

この地（ジ）という性質は、お金にこだわって細かく細かく考えてしまう性質です。「これが暴走したらだめだよ」ということを、真っ先に述べています。またこんなふうにもいっています。

○大層な作り、大層な天が心と気もつかず（大きなことが動いているのにそれに気づかず）、感情つくはあまり小さし

われわれは将来を恐れるあまりに、どうしても臆病になる。そうすると、何でもかんでも細かく細かく考えて、惜しんで惜しんで引っ込めてしまう。それが周りにおよんで、とりまく人たちも引っ込める、ということになりがちです。「臆病が暴走しちゃいけないよ」といっています。

★結（ケツ）

◯結（ケツ）の性の辛苦の元をたずねれば、曲がることなく通したいゆえ
真っすぐなのはいいのだけれど、何が何でも通すんだ、と我を振り回すのが、結（ケツ）の性質です。「そういうことはだめだよ。むかっ腹を立てたり、強情を通したりということはいけないよ。これが危ないんだよ」と、こういっているわけです。

★演（エン）
◯演（エン）の性の辛苦の元をたずねれば、勢い過ぎて言い払うゆえ
ついつい、いってしまうとか、気位が高すぎて失言が多くなり、貧乏になってしまうとか、力みを引かないために散財してしまう、とかが起こりますが、これは「演じる」の演の性質です。「ペルソナが外せない、仮面が外せない。ついつい気取っちゃう。それが暴走したらだめだよ」といっています。

★法（ホウ）
◯法（ホウ）の性の辛苦の元をたずねれば、なすべきことをなさでおくゆえ
朝寝、大食なんかしちゃだめだ。何でも間に合わないのはいかん。これが法（ホウ）の性質。「豊かに甘んじちゃいかんよ、ゆとりを持ちすぎて、いい加減になってしまわないよう、気をつけなさいよ」といっています。

★奮（フン）
○奮（フン）の性の辛苦の元をたずねれば、利を非に曲げて勝ち通すゆえ
　無理やり勝とうとする。言葉を振り回して、人を上から切る。目上たりとも自分を曲げ
ぬ。これは結（ケツ）なんかより野心が強い状態で、奮（フン）の性質なのです。

★止（シ）
○この性の辛苦の元をたずねれば、何につけてもねだましきゆえ
　狭い技量で嫉妬して、そのやきもちが自分に恥をかかせる。止（シ）は、こういう資質
です。

★合（ゴウ）
○合（ゴウ）の性の辛苦の元をたずねれば、金持ちらしく見せたいがゆえ
　小金持ちのように見せたり、先ほどの演（エン）なんかと違って、ちょっと色気を出し
て小生意気に飾って油断する。「そういうことも気をつけなさいよ」といっています。周
りの尊敬を集めたくて周りに合わせすぎる。それによって自分を失う。こういうことはあ
りがちです。

★老（ロウ）

○老（ロウ）の性の辛苦の元をたずねれば、思いはかりの遠すぎるゆえ「気の毒」といいますけれど、何でもいろいろ頭で考え抜いて、考え抜いて、実行できなくて眠れない。こういう性質です。われわれも時に応じて、この老（ロウ）に巻き込まれることはある。「これが行き過ぎたら気をつけなさいよ」といっています。

★観（カン）

○カンの性の辛苦の元をたずねれば、主のおかげといわれたいゆえ
　強いものには巻かれろ、褒められたら天まで登れ、という性質です。話に乗っかってうそをついたり、君のおかげだよといわれたかったり、人の功労をあたかも自分のもののように話したり、腹が据わらないで、見栄のために右往左往する。こういう性質です。

★堕（ダ）

○堕（ダ）の性の辛苦の元をたずねれば、褒められたさの知恵を出す
　褒められたいがゆえに、小知恵を使う。「小ずるい性質が大きくなり過ぎると、失敗するよ」といっています。

★煉（レン）

○煉（レン）の性の辛苦の元をたずねれば、辛抱強さ見せたいがゆえ

私はこんなに苦労したんだ、という話は皆さん大好きです。そういう話を捏造しちゃった「1杯のかけそば」みたいな話がありましたが、暴走するとこれも大変なことになります。

★実（ジツ）

○ジツの性の辛苦の元をたずねれば、後もみず、言い過ぎる

相談なしに一存で決めてしまう、いってしまう、行動がはやり過ぎる。こういうところに注意しようということです。

これで12個。今でも通用する永遠のバランスシートではないかなと、私は思います。この12宮というものを、天海が創設したという。あの時代に、彼が家康に教えていたならば、そして、その手前に武田に進言していたとすれば、彼らの武将としての強さは言わずもがなでしょう。

家康の「人生は重荷を負いていくがごとし」ではないが、どういうふうに楽しく辛抱するのか、どういうふうに楽しく自分を丸くしていくのか、という考え方の根幹に、この哲

学があったのだと思います。

油断のないノンキさ

吉川一元には、単純明快なポジティブシンキング、成功哲学の根源的言葉もあります。それはとてもわかりやすい。「とにかく笑っていれば運は開く」といっているのです。こんなわかりやすい言葉はない。これ以上に単純明快な言葉はないでしょう。

「笑っていれば運が開く」。これが最優先です。でも、ただ笑っているだけでは、ただの馬鹿でしょう。馬鹿ではなく、笑っているためにはどうすればいいのか。そこで12宮の知恵が出てくるのです。

「われわれは、どうしてもあれこれ考えすぎて優先事項を間違える。そのためには、たくさんの角度から眺める目を持ちなさい。12の目で自分を見ろ」と、こういうことをいっている。

この吉川一元先生の『淘話《とうわ》』という本を、私はまだ10代のときに、古本屋で見つけました。なかなか言葉は難しいのですが、必死で読みました。それが大変役に立ったように思った。でも、なかなか自分を抑えられない。血気盛んで苦労したほうで、いい年になってからも、テレビの討論番組で怒って帰っちゃったぐらいです。

祖父が非常に短気な人だったらしくて、力道山《りきどうざん》の実況を見ているときに、身が入りすぎてテレビを投げ飛ばしたという人でした。私にも、少々そういう血はあって、暴走しがちなところがある。

そういう人間であるからなのか、この諭《さと》しは大変に身に染みました。いつでも、はっと気がつくごとに、12の目で自分を見られるようにしておく。このことが大事なんだろうなと思います。

戦国武将たちがこういう哲学を持っていたとすれば、この言葉が身を救ったでしょう。人間が生き残るのが大変であった、あの乱世です。いつ身内に寝首をかかれるかわからない。誰が裏切るかわからない。そういう時代においては、有力な生きる指針になったにちがいありません。

今はのんきな幸せな時代なのかといえば、いろいろな欲望がひしめき合う乱世だといえます。とりわけ心の内側が乱世に入った現代で、吉川一元の言葉は、ふたたび蘇るのではないか。われわれの指針として、大事な言葉だと思います。

人の相を見るときは、心を落ち着かせてゆったりと座り、体の天地人を整えて、7息せよ

顔相家　水野《みずの》南北《なんぼく》

醜男の辛さ

水野南北（1760～1834）といえば、古典占いの関係者、東洋占いの関係者は、「あの南北先生ですね」とおっしゃると思います。江戸時代後期の人ですが、手相や顔相を見る「相術」の世界では、現代においても、大変な偉人として知られています。専門の分野では、優秀な相術の本をたくさん残しておりますが、それ以外にも、ある種の精神的なダイエット術を説いた人でもあります。

水野南北さんは、顔が非常に醜い人だった、醜男だった、といわれています。若い頃からそれを気にして、つらい思いもたくさんしたようです。それを乗り越えるためにはどうしたらいいのか、いろいろと研究しています。

研究するための資料は、古い時代から伝わっている中国由来のものが多かったのですが、

それによれば、やっぱり自分の相が悪い。南北さんは、納得できません。こうなったら、徹底的に手相・人相術をもう1回検証し直そう。そう決意します。

風呂屋の番台に何年も座って、人の相をずっと見つづけます。人が集まる床屋でも、何年も観察しつづけました。彼は、実践型、実証型の相術家だったわけです。だからこそ、現在でもこの南北相法は、本格的に勉強する相術家たちの教科書になっているのです。

彼が、人の相を見抜くときに残した言葉があって、その言葉は、私の座右の銘となっています。彼が、その人の相を見るときには、形を見ていただけではないのです。手相を見るにしても、手のしわを見ていただけじゃない。顔の相を見るときには、顔の形を見ていただけじゃない。当然、そういうものもすべて参考にするのですが、南北さんは、まず「佇まいを感じる」のです。

そのためには、どうしたらいいのか？

どっしりした大きな石

『南北相法《なんぼくそうほう》』の第1巻の冒頭に、「人の相を見るときは心を落ち着かせてゆったりと座り、体の天地人を整えて、7息せよ」と書いてあります。

7息というのは、7回深呼吸せよという意味です。7回ゆっくり呼吸をして、心を落ち着かせる。そして心を気海におく。気海というのは、いわゆる丹田です。丹田は、へその下一寸、約3センチのあたり。その下腹に心を収めて、腹の下のほうに心があるというイメージを持つ。そして、六根を遠ざけるのです。

六根は、六根清浄《ろっこんしょうじょう》の六根。五感から来るいろんな雑多な思いです。これを遠ざける。遠ざけるというのは、なくすのではない。横に置くという気持ちで距離を置くのです。相を見る間は、すべての感覚と意識を無にして、鳥の鳴き声も風の音も聞こえず、何も考えないようにするんだ、とこういっているわけです。

このようにしたのちに初めて、正しい相を見ることができる。つまり、人を見るということは、無心になるということです。相を見るだけのことでも、「先入観を持っちゃあかん」と戒めています。

さらに姿勢について「体の天地人を整えなきゃだめだよ」といっています。体の天地人を整えるには、どうするのか。頭を真っすぐにして、うつむかず目を閉じます。腹部を前へ出し、畳に尻をしっかりとつけて、「まるで大きな石を置いたような姿になることだ」と教えています。

相を見るときには、このような状態になって初めて、天から善悪の相が知らされてくる。だから、表面で見るのではないのです。表面のいろんな表れてくる形も見るけれども、根本的なその決定は、「直感で見る」ということなのです。

第一感と第六感

手相術には、西洋手相術もあれば、東洋手相術もあります。手相・人相ともに、古く中国からの伝承がある。日本にも古くからありました。そういったものを学び切った上で、南北が、大切にしたものは、直感だったのです。

その直感に至る道を説いているのが、自分を無にして、7回深呼吸して、丹田に意識を置いて、感覚の煩悩を横に置くという方法です。そうして、無になった瞬間に見えるものが正しい。こう教えているわけです。

『南北相法』でこれに触れたときには、「スゴイッ！」と思いました。人を見るということは、当然、相手を大事にするのですが、相手を大事にするために、自分の見ようとする心を大事にする。いろんな煩悩に紛れて、いい加減な刹那の心で、欲にまみれて相手を見ない。ここが、とても大事なんだな、と感銘を受けました。

まず自分の心をたおやかに、滑らかに扱って、そして、なるべく無心な状態に持っていく。無そのものになれたら神様ですから、その努力を、7回息をするぐらいの間にゆっくりと行う。そして、パッと目を開いたときに、眼前の相手を見る。無になって見るということは、初めて会ったつもりで見ることでしょう。

私は、みなさんに「第一感で人を見なさいよ」と教えていますが、正確にいえば、「第一感と第六感で見ろ」ということです。第一感というのは、いろんな類推とか比較という、煩悩が始まる前の心です。つまり、パッと見たときに感じるのが第一感です。

その次の瞬間には、あ、なんか嫌な予感がするな、とかいろんなものがよぎります。さらにその後で、「この人はあの雰囲気のいい俳優の表情に似ているな」とか、こういうおべべを着ているから「きっとお金持ちだろう」とか、「この声がいい感じだ」とか、いろんな思いがうごめき出すわけです。

そうなった段階で、もう直感はねじ曲がっています。もう7息置いたその瞬間にどういうものが映るか。そこでひらめく第六感と第一感とはつながっているのです。

オーラを見る

南北はこの『南北相法』の中で、色についても述べています。顔や手を見る場合、実は色に注目しています。線とか、ほくろとか、形は十分吟味するとしても、色を見る。黒っぽいのか、青っぽいのか、赤っぽいのか、白っぽいのか、こういう色を見ているのです。

顔色が、青っぽく見えたとします。青く見えるというのは、血行が悪い状態を表すわけですが、実際の色で青く見えたとしても、その後それをいったん傍らに置きます。それこそ六根を傍らに置いて、それでも頭の中で直感的に青い色が浮かんできたら、この人は青なのです。

これは、オーラを見るといわれる見方です。オーラと現実の顔色が一致しているときに、この人の気の流れは、偏っているぞと見る。そこから、これは何が問題なのか、その諭しに入る。そういう流れです。形に尋ねて、また心に尋ねる。面白いですね。それでこそ初めてオーラが見える。

昨今、インターネット等で、相手に会ってもいないのに他人をさんざんに評論する人がいる。そういうご時世ですが、それがいかに無礼千万なものか。いかに人を傷つけるものか。そういったことを挙げれば、社会でいろいろ問題を起こしている事象がたくさんあります。

7息ついてから人を見ると、そのときどきにいろいろな面が表れているでしょう。同じ人間だって、会うたびに、使われている感情とか背景が違うはずです。南北が教えているように、7息つくということは、とても大事じゃないでしょうか。

神ながらの心は、言挙げの矛盾反対を超越して輝きつつある

法学者　筧《かけい》 克彦《かつひこ》

神道を解く

近代神道界の2大巨頭といわれた、筧克彦（1872〜1961）と川面凡児《かわつらぼんじ》についてお話をしたいと思います。幕末以降、日本的哲学をもう1回はっきりさせたいという情熱が起こりました。日本的な心学、心を捉える学問を体系化しようと、平田篤胤《ひらたあつたね》やらさまざまな神学者が説を提示しました。その流れの中で、明治時代に入ってから、ある種の日本的哲学を本格的に打ち立てようとした2人の巨人がいます。

1人は筧神道ともいえる独特な神道を提唱した、弁護士・法学者であった筧克彦。もう1人は変わったお名前ですが、川面凡児という人。この人は神道実践家というべき人です。この2人の提唱した論説は、明治以降の近代神道といわれているものに、多分な影響を与えました。

まず、筧克彦のお話からしたいと思います。この人の『神ながらの道』という本が非常に有名です。大正15年に出た本で、皇室の神道の教科書といわれたほどです。さまざまな概念図、カラーの図版、立体図を駆使して、難解な神道の概念を説明した人です。なかなか法律家らしい人で、空間的な概念論を使って神道の仕組みを説明しようとしました。

英訳できない言葉

神道の中でよく使われる哲学概念に、「神ながら」と「いやさか」という言葉があります。この2つについては、歴代のさまざまな神道家がさまざまな解釈をもってきています。神道の中でも、一番難しい考え方は、「神ながら」という言葉にあるのでしょうが、『神ながらの道』の冒頭に、筧がいっている言葉があります。

「神ながら」の難題に答えて、「神ながらの心は、言挙げの矛盾反対を超越して輝きつつある」と、こういっているのです。「言挙げ」というのは、言葉を発するという意味です。

「神ながら」は、反対同士のものを1つにしたような言葉です。当時の日本神道界からすれば、神様というのは宇宙の中心神、天之御中主神（あめのみなかぬしのかみ）から始まって、太陽神が天照大神で、絶対なものです。だから、哲学としてはより高みに押し上げたいわけです。

寛は、その一端を担った人なのですが、日本独自の神に対する信仰というものは、そうではないというのです。神様は絶対なんだけれど、すぐ傍らにいる存在なのです。この矛盾した2つの神様の立ち位置が「神ながら」で、神様のありようを1つにした言葉なのです。

くだいていえば、「神様は絶対的なものなんだけど、誰の傍らにもいるんだよ、君の横にも、ほら」と、なります。あまり海外では聞かない概念で、やってみるとわかりますが、「神ながら」は、英訳するのが非常に難しい言葉です。「神のムードの中にある」みたいなことで訳すしかない。

のちに民衆宗教の大化け物といわれた出口王仁三郎は、祈りの言葉で、「かんながらたまちはえませ」という言葉をよく使いました。みんなそれぞれの真横に神様がいて、みんな全員が漏れなく神様のそばにあるんだよ、君が今やくざだろうが、一国の大臣だろうが、神様はみんなの隣にいるんだよ、という言葉です。

昔、つり輪のトップを取った選手で、具志堅幸司《ぐしけんこうじ》さんという選手がいました。あの人は、大本教の信者です。大きな大会で、つり革につかまる前にいつも何か唱えていました。それからピョンとジャンプするのですが、みんなが、「あれはなんだ」と不思議に思った。どうやら「かんながらたまちはえませ」と唱えているらしいのです。「やっぱり神は共にいるんだ」というのは、苦しいとき、緊張しているとき、不安なときを生きる上では、最大のスパイスなんだと思います。

神様は、実感として今横にいるんだ。君の真横にいて、いつでもすぐに助ける力を発揮しようとしてウズウズしているんだ。それが「かんながらたまちはえませ」です。神様の本体はものすごく高いところにある。同時に、寄り添う愛と超越性をもっているのです。

接近する科学の世界観

量子力学が注目されています。最新の知見では、これまでの常識が、そこではひっくり返ってしまう。

ミクロの世界にどんどんいくと、初めと終わりがつながってしまうようなことが起こり得る。生きている猫と死んでいる猫が同居するような、生きているのでも、死んでいるのでもない猫が存在する。

量子的な世界に入っていくと、矛盾した2つの世界観がつながってしまうといっています。

宗教が昔からいっているような世界観が、とらえられつつあるのですが、まさしく「神ながら」というのは、量子論的な哲学なんだと思います。人間が生きて、物を見たり感じたりするこの一瞬に、壮大な宇宙創造の神も同居している。すぐそばにいる。これ以上のスケールの考え方は他にないだろう、と私は思ってしまいます。

「筧神道」といわれる筧克彦の哲学、神道哲学は、それを事細かに、いろんな図版を駆使して説明をしていたのです。

人間の五感というものは、もとより必要にして欠くべからざるべきものでありますが、されぱとて、唯一無上の標準とはせられない

神道家　川面凡児《かわつらぼんじ》

消えた黒船

日本の近代神道、明治以降の神道に多大な影響を与えたもう一人の人、それが川面凡児（1862〜1929）という人です。

神社本庁に所属している、近代神道の修行をされた宮司さんが務める神社などでは、よく舟漕ぎ運動という体操をやります。舟漕ぎ運動は、舟を漕ぐような体の動きで、一種のエア舟漕ぎをやっているといってもいいでしょう。

この形の動きをすることが、体の神気の流れをよくするといわれています。この船漕ぎ運動は理想的な体の動かし方で、武術的な動きにもつながっていきます。腰を振動させたり、手を前後させたりする動きが、すべての立体的な人間の筋肉を、最も簡単に鍛える動きなんだということがわかり、最近ちょっと注目されています。

この舟漕ぎ運動を直感的に啓示でつくり、みんなに教えたのが川面凡児です。それとは別に、私が大変に好きな彼の言葉があります。「人間の五感というものは、もとより必要にして欠くべからざるべきものでありますが、さればとて、唯一無上の標準とはせられない」

みんな五感にとらわれすぎるんだ、という人間の五感というものは、当然必要だ。「さればとて、唯一無上の標準とはせられない」。この最後のフレーズがポイントです。

冷静に考えると、どんなにエビデンスのある科学データでも、それを見たり論じたりしているのは人間です。すべてのエビデンスや決定事項の手前に、人間の心というものがある。

最近の脳研究では、人間の心は現実をちっとも見ていない。心象を見ているのです。その現実が心にどう映ったかを見ているのですから、そのときの体調や心の在り方によって、現実というものは人それぞれ変わってしまいます。

とんでもない物体に出くわした人には、その物体が見えなかったりする場合があります。

黒船が来航したとき、あまりの意外性で黒船が見えなかった村人がたくさんいたという話が知られています。

「どこどこ？　黒船ってどこにいるの？」といって、目の前にある軍艦がわからなかった。あまりに怖いとこういうことが起こります。五感は、絶対無上のものではないのです。

体の中にいる先祖

もうひとつ、川面凡児さんの哲学が面白いのは、祖神、つまり先祖神に対する独自の考え方を前に出しているところです。

祖神、先祖のさまざまな意思のかけらが、自分のこの体の中で生きているんだ、という考え方です。細胞の中で、祖神は生きているんだと、そののちに発達する遺伝子工学を予見しているように描いていて少し面白い。

祖神は体の中にいる。だからこそさまざまな経験はデータとしてわれわれの体の中に既にある。ザイン、つまり実在として存在しているんだという思想です。だから、それをくみ取るべく、さまざまな方法論を駆使して心を鍛えていく。このプロセスを、川面凡児さんは提唱しました。

そういう意味では、神道を学問として難しくしたのではなくて、とても身近に、先祖信仰など日本人がすごく好きな信仰も交えて、簡単な体操や実践法を接続し、より親しみやすくした人です。

筧克彦の「神ながらの道」が概念的なものだとしたら、川面凡児の神道哲学は、古代からの信仰を身近なものに翻訳し直したというところが大きかった。神道の修行として、彼の哲学が応用されているものが、いまだにたくさんある理由は、そこにあるのです。

霊験あらたかな神社仏閣の建物は、不思議なことに、間口、奥行きとも同じ寸法の正方形に建ててあるのも、そこには何か現代の科学では解明されていない、何ものかがあるのだと私は考える

電子技術者　内田《うちだ》秀男《ひでお》

不思議な先端技術者

時代を現代に戻しましょう。内田秀男さん（１９２１〜１９８５）という方がいます。昭和の方で、電子工学の先端技術者。この人は、発明家としての側面も持っていらっしゃって、さまざまな面白い発明をしています。

この科学的知性の持ち主は、物心がついてから神秘的な体験をたくさんしていました。電子工学者でありながら、伝承的な霊的な言い伝えだとか、占い、神社仏閣などのしきたり・習慣などに興味を持ち、電子工学的な解釈をしています。内田さんは、心霊現象なども電子工学の技術で説明できる、といっているのです。

日本の技術で遠くまで飛行可能にした、「イオンクラフト」という宇宙船がありますが、

その最初の本格的なモデルをつくった人が、この内田さんです。２ｍ大のイオンクラフトを実際に動かすことに成功した先進的な発明家でありながら、なぜか霊的なものにものすごくこだわった人でした。

私は、内田さんの著書に大変に刺激を受け、またその影響を受けました。内田さんは、方位学とか風水にも造詣が深く、昭和45年に大ベストセラーを出しています。『四次元世界の謎』という本がそれで、正続含めて4巻出ています。

その中にあるのが、「霊験あらたかな神社仏閣の建物は、不思議なことに、間口、奥行きとも同じ寸法の正方形に建ててあるのも、そこには何か現代の科学では解明されていない、何ものかがあるのだと私は考える」という言葉です。私には、この言葉が何となくわかるのです。

遺跡に見た原型

神社仏閣の古いパターンは、正方形です。お寺さんのことを「方丈さん」といいますが、それはここから出ている言葉です。方丈というのは、畳を4枚回し置いて、真ん中に半畳の四角い炉を切っている形です。そうすると真四角になります。方丈は、真四角の庵のことで、重要なお寺のつくりは真四角になっています。

島根県の田和山《たわやま》というところにある、田和山遺跡の調査に行ったことがあります。柱を

9本、正方形に建てています。これは出雲《いずも》大社の原型になったものですが、きれいに正方形に柱を置いて、そこに神社の原型なるものを建てています。その外側に三重の堀を巡らせて、ぴっちり石器が敷き詰めてある。非常に不思議な構造でした。

有名な古い神社仏閣は、正方形に建てられていることが多いのですが、これがその原型なのでしょう。

風水による見方

風水では、理想的な家は正方形です。風水では8つの方位を名づけ、意味づけています。基本になるのは4方位、北・東・南・西。そしてそれぞれの間で、8の方位になります。易ではこれを「カン・ゴン・シン・ソン・リ・コン・ダ・ケン」という名前で呼びますが、今流のいい方をすれば、北における水の座、山の座、植物の座、風の座、南は火の座で、土の座、金の座、天（宇宙）の座の8つに分ける。

8つの方位は、8つの性質を家の中に引き込むといわれています。正方形、さらにもっと理想的にいえば、上から見たらまん丸の円形の家は、その全部の力を引き込む。ただ、真ん丸の家はなかなかつくるのが難しく、昔の日本にはありません。

西洋の石造りの家では、なぜか真ん丸な塔だけが重要なパワースポットに建っているということがよくあります。

日本では、真四角の建物が風水上は最も縁起のいいものとされたのですが、そういう伝承がわからなくなっています。そのために、単純な形のものが残っているのだ、と考古学的に論じる人や、建築学の見地だけから論ずる人が多いのです。しかし、「古代人は技術がなかったから、単純な形の家を建てたんだ」ということだけじゃないと、私は思います。そのことをよく示しているのが、田和山遺跡です。

田和山遺跡は、ちょっとした断層の近くに建てられていて、この遺跡が話題になったのは、それが病院建築予定地にあったからでした。

当初、その遺跡をどけて、そこに病院を建築する予定でした。その病院建築予定地から、とんでもなく古い遺跡が出てきたので、早めにぶっ壊して、どかそうとしたのですが、その過程で、施工関係者がバタバタ亡くなっていきました。それで、さまざまな霊能者が呼ばれることになり、「秋山さんもちょっと見てくれないか」という話がきたわけです。

遺跡の真ん中に正方形の社あとが見られました。9つの柱で建てられて、これは出雲大社の原型とされています。外側には、三重の円形の堀が掘られていて、サヌカイトという四国でとれる石でつくった石器の一部が、大量に敷き詰められていました。

サヌカイトは、当時としては大変なお宝です。ふつうの石のように見えるのですが、たたくと金属音がする石です。

なぜ、ここにこういう構造物がつくられたのかは、謎です。ただこういう推理はありうると思います。この土地を、心地よい風水の場所にするために、こういう庵を建てたのではないか。そこに霊的に敏感な人、つまり巫女さんだの、司祭だのを住まわせて、さまざまな社会的な異変を予知させた場所なのだろう。

霊的な聖地をつくり出したのは、そういう場所では、社会における事象が前もってミニチュアで起こるためです。社会で不祥事が起きるときに、直前にそこでちょっとした乱れが起こる。それで霊能者や巫女さんたちは、「ん？　何かあるな」とこう察するわけです。

そういう場所として活用したのではないか、と思います。そんなことはとうに忘れ去られた現代において、一電子工学者が、「どうもこういう正方形のきれいな単純な家は、なにかの重要な意味があるんじゃないか」「見えない世界と関わっているんじゃないか」と考えたのは、私はとても面白いと思います。

宇宙のエネルギーの流れ

内田秀男さんは、心霊写真の分析から方位学まで広く論じた人でした。北の空に輝く北斗七星があります。子どもでもよくわかる、柄杓の形をした七つ星。その柄の先が向いている方向に、宇宙の見えないエネルギーの流れがあるんだ、と内田さんは主張しました。

北斗七星の柄杓の柄の一番先端の星は「エータ星」という星で、別名、暗剣殺星といわれています。昔から、怖い星だといわれているのです。

どう対処するかというと、まず星座早見表でその星の位置を確認します。地球が回っているために、その星も24時間かけてずっと回っていきます。暗剣殺星が向いている方角を確認したら、その方向に向かう行動を避けます。

出掛けに、その方向に進むと事故に遭いやすくなったり、トラブルに巻き込まれやすくなったり、とても霊的なことに出くわしてしまったりするということが多い。これが内田さんの説で、内田さんは過去に起きた崖崩れの方向、大きな土砂崩れの方角から飛行機事故まで徹底的に検証しています。

そうしてわかったこととして、どうも「エータ星」の方向に移動するときに事故が起きたり、「エータ星」の方向に崖が崩れたりしている。

また彼は、そのミニチュアのような現象が、時々ろうそくで起きる、ともいっています。ろうそくにたまったろうが、ある一定の方向に突然溶け出して、うろこ状にひらひらと出っ張りができる現象があります。

霊能者の間では、「またろうそくに竜神が現れた」なんてことをいいますが、このひらひらが、エータ星の方向に沿って現れる傾向がある、と指摘しています。

不思議な現象と不思議な現象を結びつける研究をした学者としては、寺田《てらだ》寅彦《とらひこ》とか、粘菌の研究をやった南方熊楠《みなかたくまぐす》が有名です。内田秀男さんもその一人で、もっともっと今後評価されるべき人なんじゃないかな、と私は思います。

内田さんは、単純なものの中に、ひょっとしたらエネルギーに関わる、特に電子工学に関わる発明・発見の種があるんじゃないかと思って見ていたのでしょう。心霊現象から気学まで、電子工学者の目でそういったものを眺めているというのは、すごいことです。

私は、ご本人とも電話で話をしたり、お会いしたこともあるのですが、非常に研究熱心な、かつ優しい方だったということを記憶しています。

第３部　生き方と完成の超人

武道の根源は神の愛、万有愛護の精神

合気道創始者　植芝盛平《うえしばもりへい》

愛護と武闘

植芝盛平（1883～1969）は、合気道の開祖として有名ですが、出口王仁三郎の大変に近しいお弟子さんでした。いっしょに満州に渡って、中国改革に乗り出そうとしたときの先鋭部隊です。若いときから武勇伝がある人でした。

植芝盛平という人は、戦いの現場を積んだ激しい武術家だったわけですが、若いときに神秘体験をして、武勇の能力が出たともいわれています。その後も、いろんな神秘体験やら宗教的な体験を得て、その正反対のものに目覚めていきます。

そうして、私の好きな言葉が生まれます。それが、「武道の根源は神の愛、万有愛護の精神」という言葉です。これは、植芝盛平という人の根幹をなす言葉で、彼が神をどう捉えているのか、それがよくわかる言葉だと思います。

植芝の神概念がどうであったかが、はっきりするこの言葉は、一見すると矛盾しています。武道というものは、戦うための技術、方法論なのに、その根源は神様の愛なんだと、こういっているわけです。

後につづく「万有愛護」という言葉に、植芝盛平が、神をどう捉えていたかが染み出している。私はそう感じるのです。万有愛護の「万有」というのは、よろずの形あるもの、この世のすべてのもの、という意味です。そして「愛護」。そのすべてのものが愛によって護られているんだということです。

神の愛情とか守護力というのは、この世のすべてに染み込んでいる。われわれの体にせよ、物質にせよ、すべてのものに染み込んでいる。これが屈指の武術家、植芝の神概念です。では、何ゆえに戦うのか。神に愛護されるものが、神に愛護されるものを倒すのか。

合気道創始者　植芝盛平

ドグマからの解放

スピリチュアルを説く、ほかの人たちとは、だいぶ根本的に考え方が違うな、と私は思います。ありがちなのは、汚い物質的肉体と美しい霊体に区分けする見方でしょう。原始的なスピリチュアル信仰では、肉体は汚れているとされ、そこに宿っている霊とか魂が神聖なんだとされるのが通常です。

植芝盛平の中には、そんな分け方は存在しない。この世のどんな醜いものでも、どんな悪しきものとされているものでも、どんな弱きものでも、お金だろうが、会社だろうが、すべてのものに神の愛と守護力が染み渡っている。こう捉えているのです。この言葉を見るだけでも、ちょっと薄っぺらい信仰とは違うなと思います。

これまで、いろんな宗教書をたくさん読ませていただきましたけれど、植芝盛平さんは、ちょっと異質な方です。大本教の出身者として、宗教団体をつくるのではなくて、武術者を育てるネットワークをつくっていったわけです。それが合気道でした。

植芝盛平さんという方は、神という概念を、宗教的なドグマから少し解放した人のように感じます。特にフィジカルな、肉体的な問題の捉え方にそれが表れています。心と体を無理やり分けずに、それを1つのハーモニーとして見る。こうして「そのすべてには、神々しい力が宿っているんだよ」と見ているとき、武闘は、どういう姿をなすのか。

この考え方があると、「倒そう」という考え方は出てこないわけです。自分がいかに毛嫌いして、いかに敵だと思っている人間も、自分たちと同じくらい、たっぷりと神様の愛情は染み渡っている。向こうも、神の愛によって護られている存在だ。ここから出てくるものは、「2つに分かれて、いさかいをやってもしようがないんだ」という発想です。

また、その発想から考えないと、森羅万象の流れ、動き、そして見えない世界とのつながりはわからない。これが植芝盛平さんの世界観だろうなと思います。それが一番表れた言葉が、「武術の根源は神の愛、万有愛護の精神」という言葉だろう、そう私は思っています。

オカルトの復活

「どんなものの中にも、神々しいものがあるんだ」といわれると、どんな仕組みを眺めたとしても、好奇心が湧くでしょう。科学が進化したのもそれによるわけで、そこに、宇宙に即した、宇宙の意思に対しての合理的なものが存在すると思います。その視点が大事な世界観です。

昔、科学というものは、神秘主義、オカルトの中にあったはずです。ところが、そこから科学はゆっくりと枝分かれをしていった。そのプロセスの中で、その中間点、離別の途中にあったものが錬金術です。

その錬金術的な世界では、いろんな物質や成分、生き物の生き様の中に、神の仕組みがあると見ます。それを科学的に明らかにしようとして発生したのが、錬金術です。

ガスという、気体のガスの語源になった有名な学者がいます。この人は、ミクロの世界の細かい成分を追いかけていけば、必ずそこに神の仕組みがあると考えました。「顕微鏡に神が映る」じゃないけれど、ミクロの世界を追いかけていけば、必ず神が見つかるはずだと信じていたのです。

ガスのさまざまな試行錯誤は、ムダではありませんでした。今の医学の診療の根底にあるのは、血液を分析したら、全身でさまざまに起きていることがわかる、ということですが、その発見につながっています。結果として、疾病がわかる仕組みをつくってしまいました。

さらにミクロの世界を追いかけていったら、何がわかり、世界観はどうなるのか。最近は量子論という世界に入って、始めと終わりが融合してしまうとか、光の中には波と粒子の両方の性質があるだとか、光より早く飛び交う情報があるだとか、宗教とオカルトの世界がいってきたようなことをいっています。そういうものが、最先端の量子の世界では見えてきているのです。

植芝は、そういう概念の根本的なものを、武道という側面から見抜いたのだと感じます。直感的な物理的なものとして、彼は見抜いた。それが植芝の武道の根源にあるのですから、哲学なき武道のあらゆるものを超えています。

私も、武道をいろいろやりましたけれども、テクニカル論を説く人が多いのです。こうやればこうで、体の仕組みはこうなっていて、という話ばかり。武道の流れが、柔道整復とか、整体というものに少し接続していて、そこに利益が発生するという面もあるでしょう。しかし私は、「肉体はテクニックで捉えるもんじゃないよ」と思っています。

野次馬の本能

最新の分子生物学であるとか、先端の分子医学によると、内臓の機能は、今までいわれていたようなものとは違ったものとなっています。肝臓は、肝臓だけの役割をしているのではなく、いろんな物質を流通させています。肝臓も、腎臓も、肺も、いろんな物質を流通させていて、それらが体全体を構成する1つの臓器なんだという発想になってきています。

こういったものも、万有愛護という哲学につながるものです。植芝の概念は、改めて注目されるべきものじゃないかな、と私は思っています。「万有」とは、すべてのことだと述べましたが、すべては臓器のように互いに関わりを持ち合っていて、ひとつなのだという思想です。

悪とか、悲惨さ、悲しさ、失恋もそうだけれども、それに触れた瞬間に、われわれは命の絶望感を感じるわけです。しかし、そのときに気がつかなければいけないことがあります。なぜ、そういうものを見たときに絶望感を感じるのか。そのような苦しいことから、なぜ目を離せなくなるのか。

あるいはまた、悪魔が道を歩いたら、キリストのように「おまえとは無縁だ！」となぜいわないのか。悪魔が「飛び降りてみろ」といったら、「私は神を試さない！」といって、関わらなければそれで終わりなのです。

しかし、われわれの心は、どうしてなのか悪と関わってしまうのです。さまざまな凶悪事件を報道するワイドショーを、われわれは、なぜ関心を持って眺めてしまうのか。なぜ、悪に向かった人たちの心のプロセスを知ろうとするのか。私は、これは本能だと思います。安全に生きるための本能が、そういったものを野次馬のように見る心理をつくっている。

体に傷ができる。そうすると、体中の血液がそこへギュッと集まって、真っ赤に腫れ上がってきます。血液は、その傷に対しては野次馬のような性質があるわけです。傷口にギューッと集まった血液の一部が固まって、傷口をふさぎます。免疫を運んで雑菌をやっつけて、結局傷を癒していきます。

これと同じように、悪魔とか、犯罪者とか、邪悪なものを見てしまうのは、反応として重要なことなのです。一番怖いのは、悪が悪としてわからないということ。それが一番怖いことなのです。

エッジの世界

カウンセリングなどで人の指導をしていると、感じることがあります。明らかにその人はＡという、いけない心の性質がある。それがうまくいかない原因になっている。いけないからこそ、苦しんでいるのだけれど、いくら言葉を並べても、その人自身がAという性質に気づかないことがあるのです。

無意識に、自分を苦しませることをやってしまっているのです。自分は愛されていないと思っている人が、愛されたいために、無意識に人の心を引っ掻いたりして傷つける。いろんな意地悪をする。それによって注目されたと感じる。長いことそれがつづき、癖になってしまっている。こういう人は、傷つけることが愛されることだ、と考えてしまうのです。

それは間違いです。過ちです。自然な状態ではない。万有愛護ではありません。人を楽しませて、自分も楽しめる人間は、全体の仕組みの中で、何に対しても好奇心を持てるし、「神って何だろうなあ」なんていうことも、ゆとりを持って考えられる。そういう心の間口の広さも得られるでしょう。

植芝は、それを武術という生きるか死ぬかのエッジの世界で、悟ったんだろうと私は思います。

神来体は神から賜った最高芸術品である

崇教真光の初代教え主　岡田光玉《おかだこうたま》

最高芸術品の持ち主

岡田光玉（１９０１〜１９７４）という方は、崇教真光の初代教え主で、一時期には世界１５０万人の大教団を指揮して、日本の神道系教団の頂点に立った方です。岡田光玉さんの宗教がどうかについては、私は門外漢ですから、ここであれこれ考えることはしませんが、まだ岡田さんが熱海におられたころに、ある方に連れて行かれて、一度お会いしているのです。そのときに、ちょっとすごいことがありました。

「ＵＦＯというのは、秋山くん、どういうものなんだ？」ときかれ、これこれこういうもので、というお話をしたら、「ＵＦＯがテレパシーを感じとるんだったら、ちょっと呼んでみようか」といって、お着物姿でベランダに出て、夜空に手をかざされたのです。そうしたらＵＦＯがすぐに飛んできた。

子ども心に、この人は尋常じゃない力を持っていると、迫力を感じました。岡田光玉という方の大きさ、心の広さを直感的に感じ、その後ちょっとの間でしたが、岡田さんの本を、うわーっとむさぼり読んだことがありました。

この方も、元は陸軍中野学校のカリキュラムを学ばれて、霊術家といわれた藤田西湖のカリキュラムにも触れています。陸軍中野学校というところは、尋常じゃない能力開発をやっていたことが、よくわかります。精神論の真髄に触れるようなプログラムがあったのです。

岡田さんには、いい言葉があります。身体を「神来体（からだ）」と書いていますが、身体という言葉も「からだ」と読みますが、「神が来る体」と書いて、「からだ」と地口合わせをしています。そしていわく、「神来体は神から賜った最高芸術品である」。私が、グッときた言葉でした。

体を卑下しない実験

小さい頃から体が弱く、そういう能力が出た中学生ぐらいまでは、決して丈夫ではありませんでした。小学生、中学生の時代は、体が丈夫で体育ができる子がチヤホヤされます。多少勉強ができても、体が弱くて、いつも徒競走がビリという子は、嫌われたり、ばかにされたりするものです。それを嫌というほど、何年も何年も学校で経験しました。

のちになって社会に入り、営業を長くやりましたけれど、そこでも成績のビリは大変な思いをします。職場の中で、きつく当たられるのです。今でこそ、そういうことを激しくやってはいけないという話になって、パワハラだとかモラハラだとかいわれるようになったのですが。

社会に頼って、社会のおかげで生きなければならない部分もたくさんありますが、社会というところは、個人に対して非情なほどに、自信を失わせたり、卑下させたり、人間としての尊厳をえぐり取るような残酷な面も持っているわけです。

特に子ども社会は、働く痛み、一人で生きていく痛み、お金を稼ぐ痛みなど、「痛み」というものをまだ知りませんから、体が弱かったりして、なかなかヒーローになれない子は、ものすごくつらい思いをします。今も、相変わらずそういう側面はあって、いじめがなくなりません。

この岡田さんの「神来体は神から賜った最高芸術品である」という言葉に、子どもだった私は救われたのです。

体が弱く、とかく自信をなくしがちな私に、「体は、低く見ちゃあかんよ」といっている言葉です。「体こそ、神という最高の存在、最高の意思が、おまえに貸すよと決めた貸与体なんだよ。最高のシステムなんだ。最高の芸術品なんだよ」と、あたたかくまた力強く語りかけてきたのです。

まだ子どもだった私は、自分の体が弱いのにとか、すぐ喘息になってとか、アレルギーがひどくてとか、そう思い続けることを、この岡田さんの言葉でピシャッとやめました。「最高芸術品なんだ」と思って生きよう。だからといって、ナルシシズムに陥る気はないけれど、とりあえずそう自分に言い聞かせてみよう。そういう実験を始めたきっかけになった言葉なのです。

年寄への功徳

「最高の芸術品」という輝かしい概念で、いつもいつも生きられればいいのですが、この私でさえも、ひどく自分の体には落ち込むときがあります。60歳を超えて老眼が出てくる。家の中でも、ちょっとしたことでつまずく。道を歩いていると、すっ飛ばしてきた自転車にガンとぶつかる。いろんなことがあります。

でも、なるべく「体は最高芸術品」と思い続けます。ぶつかってくる人がいたとしても、その人たちも最高芸術品です。やっぱりそこには、最高芸術品としての神々しさがあるんだ、神様の芸術があるんだ、と見ようとする。何かしらの、美しく神々しいものがあるはずだ、と思おう。落ち込むたびに、私はそう心がけてみました。

全部が全部、そんなふうに見えたら神になっているんでしょうが、見えなくてもなるべく見ようとする。そう心がけるようにしたのです。

結果として、それはすごくよかった。激しい病気が出ることも少なくなりましたし、かなりタフになりました。若いときよりも、50を過ぎてからの今のほうが、よく仕事をし、よく遊べるというようになりました。そういう体への意識がなければ、人の話は一生懸命聞けないし、弱い人に集中して寄り添えないという気がします。

最高芸術品を体現する

少し前のことですが、とてもよい体験をしました。仲間と男三人旅に行ってきました。一人は若い有名な俳優でしたが、驚くほど周りに気を遣われていました。

この人はすごく人を大事にしているな、とわかりましたが、「スタッフがよく動いてくれて」とか、周りの人を心の底から褒めるのです。私ももう一人も、人の顔色を見抜くプロです。どんな俳優だろうがなんだろうが、その人がうそで格好をつけていたらすぐわかります。

ふつうのお店に連れて行って、「楽しいな、こういうお店はいいな」といいながら食事を一緒に楽しみました。「面白いな」と思ったのは、気配は殺せるのです。周りの人たちが全然気がつかない。彼は、私より頭一つ大きくて、筋骨隆々です。顔はキリッとしていて、私の顔の半分ぐらいしかないと思えるぐらい。

すごいなと思いました。「特殊なトレーニングをやったり、走り込んだりしているんですか」と聞いたら、「いや、走らないですよ。体が酸化しちゃうじゃないですか」と、笑っているのです。

あまりにも自然体。腕なんかもうプロレスラーのような腕でした。この人は、自分を大事にするということを知っているし、周りを大事にすることを知って、ここまで来たんだな、とつくづく感心しました。

いろんな芸能人を見てきましたが、裏では「俺がね」みたいになる人をたくさん見ました。一般の人を蔑むような目で見る人も、正直、多かった。人間は、二晩ぐらいお酒を飲めばわかるものです。一緒にご飯を食べりゃわかる。

彼には隙がなかった。自然体には隙がないのです。あの言葉「神来体は神から賜った最高芸術品である」を思い出しました。それを体現する人は、いるんだなと考えさせられました。

不眠、浄霊は力を抜く

世界救世教開祖　岡田茂吉《おかだもきち》

単純な言葉の力

宗教界のダブル岡田といえば、岡田光玉ともう一人は岡田茂吉さん（1882〜1955）です。岡田茂吉先生は、熱海に大きな本部をつくって、世界救世教を開かれた。ところが、もともとは芸術家で、岡倉天心《おかくらてんしん》さんのお弟子さんです。また美術鑑定家でもありました。骨董の鑑定にも優れていらっしゃった方で、自分が全世界から収集した一級の美術品を集めて、熱海MOA美術館を創設されました。

MOA美術館は、正面から入ると長いエスカレーターがあります。これが霊的な世界を上っていく様のように設計されているのです。人工物ではあるけど、私はこれが大好きで、うまくつくっているな、いい色目だな、いい形だなと思いながら、遊びに行くと必ず乗るようにしているのです。

岡田茂吉先生にも、たくさんの言葉があります。宝石箱の中をのぞくように、きら星のようにいっぱい言葉があるのですが、一番グッときたのは、「不眠、浄霊は力を抜く」という簡単な言葉です。眠れないときには、また自分の魂が汚れたと思ったときには、まず力を抜く。単純でしょ。とんでもないうんちくが最初から飛び出すかと思いきや、まず力を抜けというのですから。

調子が悪いときは、意外と変なところに力が入って、入れるべきところに力を入れていないものです。力というものの分配に、アンバランスが起きている。「とにかく調子が悪かったら、力を抜くんだ」「まずそこからなんだ」という言葉です。やってみるとわかりますが、力を抜こうと思うと、自分の体に興味が出てくるのです。

最近、マインドフルネスが注目されるようになって、企業体が瞑想であるとかリラクゼーションを、1つの生産性の手段、能力開発の手段として、きちんと捉えるようになってきました。これは、とてもいいことだと思います。

マインドフルネスやリラクゼーションという考え方の中で、最も重要なものは何か。瞑想するという考え方の中の、核心はなにか。瞑想は、メディテーションともいいますが、その本質は、意識して力を抜くということなのです。

意識をパーツに持っていく

呼吸を加工したり、何かのポーズを無理して取るのではなくて、力を抜くことを意識してみるのです。肩のとんがりの一番角を意識してみます。そこで、自分に「さあ、力を抜いてごらん」というと、力というものは、ふつうにしている状態から、さらに抜けるのです。つまり、ふつうだと思っている状態で、すでに力が入っている。

「肩甲骨からちょっと後ろに落とすように、力を抜いてごらん」といってみます。そこを意識すると、やっぱり力が抜けるのです。1ミリでも2ミリでも、力をそこから抜くことができる。ふだんの、当たり前だと思っている生活の姿勢に、すでに力が入っているのがわかります。

ものすごく力が入っているのは、どこでしょう。手です。手はしょっちゅう使うから、力が抜ける暇もない。そこで、手の関節を意識します。「じゃあ、親指の各関節の力を抜こう」。次に人差し指、中指、薬指、小指と進めていきます。「はい、手首の力を抜いて」「肘の力を抜いて」「肩の力を抜いて」と、そこを意識していくと、少しずつ抜ける。やっぱり力が入っていたのです。

顔のパーツにも、ものすごく力が入っています。「目の周りの力を抜いて」「耳の周り」「鼻の周り」「口の周り」と意識を移しながら、力を抜きます。これらを全部抜くと、ぼんやりしてきて、瞑想が深まったりします。

私は、寝る前にこれをやることがあります。ああ眠れないな、というときは、マメに丁寧にやるようにしています。面白いことに、そうして力を抜いた瞬間に、ポンと意識が抜けて、目覚めると翌朝だったりする。

そういうときには、力を抜くという健康法は、意外と侮れないぞ、と思って愉快になります。誰でもできます。道具も、難しい考えも、薬も、食べ物もコントロールせずにできることなのです。

誰もしない声掛け

病院などに呼ばれてヒーリングをしたり、先生たちのご相談に乗ったりすることがあります。あるとき、ある大病院に行ったら、パンパンに体が太っちゃったお嬢さんが、お母さんに連れられて来ていました。医師とお二人の話が、廊下にいた私に聞こえてしまった。そこは糖尿外来で、娘さんは若いときから糖尿病。

「とにかく痩せなきゃだめなんだよ、絶対に守ってください」と、医師は指示をくりかえします。そうするとお母さんは、「あなたは食べるからだめなのよ！　だからそんなに太っちゃうんじゃない」と娘を責める。

そのお嬢さんは、かわいそうに「ご飯食べちゃだめなの？　おやつおいしいじゃない。食べちゃだめなの？」とすがりついて、「うえーん」と号泣してしまった。

先生のいっていることもわかるし、親の慈《いつく》しみもわかります。病気は本人の責任、それもわかる。

しかし、この子は緊張から解き放たれないで、苦しんできたのではないか。しょっちゅう甘い物を食べたり、ご飯をたくさん食べる快感に頼らないではいられないような、そんな生活環境を与え続けたのは、いったい誰なんだ？　ということなのです。

それは周りすべてです。私は、漏れ聞こえてくるその子の叫びを耳にし、心の訴えが聞こえてきたような気がしました。

本当に悲壮な泣き声だった。誰かが抱きしめて、「まず力を抜いてごらん」という人がいたら、この子はこんな叫びを上げなかったように、そのとき思いました。このことを、すべての家族に病人を持つ人、お医者さまに言いたい。本当に言いたい。私は、「力を抜く」という言葉は、非常に深い言葉だなと思います。

力が入るのも自然

なぜ、人は体に力が入ってしまうのか。

しょっちゅう使っているパーツである、腕とか首とか目とかに対して、われわれは「ちゃんと見ろ」「ちゃんと動け」「つねに臨戦態勢でいろ」という命令を、意識の底から発し続けています。「出撃しろ」と、ずっと言い続けている軍隊のようなものです。そういう場所は、いつも力を残してある状態を維持していて、自然といえば自然なのです。

常に、腰・首・肩・手首・足首には力が入っているわけですから、お風呂へ入ったり、寝る間際には、丁寧にそういう場所を意識して、力を抜いてあげる。背筋を真っすぐシャンとして、というのはよくいわれるけれども、「力を抜く」ということは意外と大切じゃないかなと思います。

資本主義の競争社会においては、みんな知らず知らずのうちに「頑張れ」「戦え」「力を抜くな」と、命令しています。そういう社会的な号令が、ずっと鳴り響いていることに、反対側から気がつかないと、われわれは壊れてしまう。

くたびれ果てて、いろいろな問題が起こっています。そうなってやっと、競い合うということが問題で、資本主義的な競い合いはもうやめようよ、という動きになってきたけれども、体に入っている力には、なかなか気がつかないものです。

武術家は力を抜く

立っているときにも力を抜く方法はあるのか。あるのです。これは、江戸時代のほうが、よくわかっていました。江戸の古い時代の浮世絵を見ると、立っている人、町を歩いている人間たちの姿勢が、今とまったく違うのです。

膝を軽く緩めて、腰をちょっと前に出して、肩も落としています。柳腰という言葉は、この姿勢をいっているのでしょう。立ったとき、膝を落とせば、腰がちょっと前に出る。肩もちょっと落として歩いているのです。

足はすり足で、気軽な姿勢でブラブラしているのです。こんな力を抜いた姿勢をしている宮本武蔵《みやもとむさし》の肖像画がありましたが、この柳腰というのは、何か有事が生じたときに、逆にものすごい力が出る。

武術が好きで、熱中してやっていたことがありますが、力を入れて対戦すると負けます。相手の攻撃が当たると、力が入っているところがものすごく痛い。攻撃する際も、力を抜いていないと技が効きません。

力を抜いて構えて、攻撃をかける瞬間に一点集中で力を込める。向こうの体に、拳が当たるまでは力が入っていないで、当たった瞬間に力が入り、ねじるのです。そうすると、ものすごいダメージが与えられる。一点集中するために、他の力なるものを全部抜いてしまう。合気道の技も、強い武術家のやり方も、秘密はここにあるのだろうと思います。

天安門《てんあんもん》事件があったとき、中国の伝統武術の人たちは南米に逃げました。南米で、私は逃げてきた大物の武術家とお会いしたことがあります。見た目はおじいさんで、まさに力の抜けた柳腰で歩いていました。力を抜きすぎて、ボストンバッグも持てない。

武術の実戦を見せてもらいました。四方八方から一斉に襲いかかってくるアメリカ人の大男たちを、一瞬のうちに、触れるか触れないかで跳ね飛ばすのです。そういう不思議な技でバーンと跳ね飛ばした瞬間に「very easy」と一言いっていました。

暮らしの中で力を抜く

面白いことに、ふつうの生活の中にもそういうシーンはあります。寝相の悪い人がいて、寝返りをうった瞬間、横に寝ている人の顔にカーンと当たる。力を抜ききって眠っていた人の一振りは、火が出たように痛いのです。

うわーっと楽しんで遊んでいる子どものハイキックは、お父さんのあばらを折ったりします。ここに何か秘密があるように思います。

ある麻雀の名人が、「重いものを持つのはいやだ」といったそうですが、わかります。力の抜き方を熟知して、実践している人は、体全体がセンサーになっているのです。ちょっとした変化を感じるのです。

人の声が耳に入らず、「ちょっと、聞いてるの?」と怒られてしまうようなときは、どこかに力が入っているにちがいありません。

うれし　うれしの道あるに、なぜ歩まんのじゃ

神典研究家　岡本天明《おかもとてんめい》

語呂合わせの啓示

宗教界の3岡といわれるのは、岡田光玉、岡田茂吉、そして岡本天明（1897〜1963）。神典研究家といわれていますが、岡本天明という人は大本教の門人です。ある方にいわせれば、若い頃から大本教にご奉公して、大本教の開祖である出口なおさんが、神様からの啓示を受けて自動書記をするときの、あんどんの灯りを取り替える係をやっていたとか。

あれだけの大物が神がかるのを、若いときから間近に見た方です。なおさんの灯りの取り替え役の若者は2人いて、1人は岡本天明、そしてもう1人は宇佐美景堂《うさみけいどう》。景堂は、名古屋でつい近代まで君臨していた方で、自費出版で本をたくさん出している、知る人ぞ知る大霊能者です。この2人は、大本教系の若手の直弟子の中ではけっこう有名です。

3岡の一人である岡本天明という人は、啓示をよく観察したのでしょう。不思議な啓示を降ろすのです。啓示が、数字の羅列の語呂合わせで出てくるのです。最初に出てきた啓示が、「富士は晴れたり日本晴れ」という神様からの啓示だったそうですが、これは数字の羅列の語呂合わせで構成されている。

この啓示については、岡本天明流の解釈があったようですが、この岡本天明さんが世界的に有名になったきっかけは、画家としてでした。天明さんの絵が、『TIME』の表紙を飾ったことがあるのです。面白い絵を描く画家さんで、私も作品を1点持っています。

彼の啓示の1つを、私はとても気に入っています。いたって単純です。「うれし　うれしの道あるに、なぜ歩まんのじゃ」という言葉。うれしくてしようがない道筋は目の前にあるのに、なぜそこを歩かない。神様の言葉として、これがすっと出てきている感じがします。「うれし　うれしの道あるに、なぜ歩まんのじゃ」。私は、単純に、この言葉は格好いいなと思うのです。

自分に言い聞かせる

この言葉を自分の中に入れてから、私はちょっと変わりました。くたびれちゃったり、嫌だな、体が重いなと思って、何だかぼんやりしてしまっているとき、この言葉を自分の心の中で反芻《はんすう》するようにしたのです。

「うれし　うれしの道あるに、なぜ歩まんのじゃ」

そうか、探し漏れているな。この瞬間にも、うれしうれしの道というのはどこかにあるな。家からガッと表へ出よう。面白がって出るために、そのネタを頭の中で探してみよう。そうして探し始めると、いろいろ出てくるのです。

とりあえず、なんとか堂のアンパンを食べに行くかとか、駅前の古本屋で古本を見ようとか、家から会社まで歩いて行っちまおうかなとか、空の雲は今日どんな雲だろうとか、朝一番ですれ違う車のナンバーは何番なのかなとか、誰か知り合いがいないかなとか、電話かけちゃおうとか、どんどん出てくる。

何か気分が重いときに、とっさに自分に言い聞かせる言葉があるのは、とても素晴らしいことです。「うれしうれしの道をなぜ歩まんのじゃ」、私は、そう言い聞かせるようにしているのです。

私は、非常にいい加減で、億劫《おっくう》がりで、いまだに引きこもりです。何が好きかといったら、家の中で本を読んでいるのが一番好き。その私が、エネルギッシュに活動できる一番のトランキライザーが、天明さんのこの言葉なのです。岡本天明さんの啓示に、即効薬をもらったように感じています。

「うれしうれしの道あるに、なぜ歩まんのじゃ」

そうか、そうか。よし、よし。そうして毎日を過ごします。

歴史は決して純理学ではない。応用学である。歴史は政治を指導する

透視霊能者　三田《み》《た》光一《こういち》

過去が現実に見える

三田光一（１８８５〜１９４３）、本名は善靖《よしやす》。光一は号です。念写をやった能力者として有名で、福来友吉が「本当に目からうろこだ」といって驚いたという話です。月の裏側を念写したり、弘法大師のお顔を念写してみたり、こういったことはとても面白いのですが、この人には実業家としての側面もありました。

一般にはあまり知られていない『霊観』という本があります。単に感じるだけではなくて、霊を広い立場に立って見ているのが、三田光一著の『霊観』という本で、政治のことから、当時の社会体制、経済、経営のこと、自己の能力開発法、呼吸法から体の動かし方まで、術のアラカルトみたいな本です。

当時も、三田光一のいうことは本当か、それともウソか、トリッキーな手品師みたいな

人なんじゃないかと、いろいろと騒がれたようです。私には、三田光一がインチキな手品師だとはとうてい思えません。

晩年は、呉羽化学工業、クレラップの取締役をしています。呉羽が有益な水源を大陸で探しているときに、彼の霊感で「ここ！」といったところから、大量の水が出たのです。それはただの水ではなく、優秀な水質の水でした。トリックでできる話ではありません。三田光一はすべて正しいというわけではないにしろ、超能力は本物でした。それで、呉羽化学は三顧の礼で三田を役員にしているのです。

私には、彼の好きな言葉があるのですが、それは不思議な能力に関わる言葉ではありません。「歴史は決して純理学ではない。応用学である。歴史は政治を指導する」という『霊観』のなかで書いている言葉です。ここには面白い諭しがあって、私はそれに惹かれるのです。

これは私なりの解釈です。透視能力のある方には、過去の物語が現実に眼前に見えてしまう方があって、三田光一さんは、それが見えた人だろうと思うのです。その時代時代に、歴史というものを人々がどう捉えてきたか、それも、彼はよく見ていたんじゃないかと思うのです。

歴史の中に今を探す

歴史というものは、理屈理学じゃない。何年に何が起きました、こうなってああなって、こうなってこうでした、こんなことがわかりました、新発見でした、すごいすごい。そういうものは学問じゃないよと、三田光一はいっています。

歴史というのは、応用学なんだから、歴史を今の政治や生活に使わなければ意味がない。今という時を、目を開いてよく見て、耳をかっぽじってよく聞いて、その今を理解するために歴史を使う。それができたときに、歴史がわかっていたんだね、となる。三田光一は、そこを鋭く突いているのです。

われわれの、国家的ななりわいの頂点で動きつづけているもの。社会の中でいちばん激しく、日々動きつづけているもの。それは政治です。だから「歴史は、政治の先生なんだ」ともいっています。われわれも、「歴史から学べ」といいます。「歴史を生かせ」ともいう。どこが同じでどこが違うのか。

私の歴史は、私の過去のことです。では、その過去はどこにあるのかといえば、今の私の中にある。そういう視点で歴史に親しめば、いまを生きているどんな人でも、望ましい未来がつくれるでしょう。その未来のことを、

歴史ともいうのでしょう。

歴史は、今を生きながら考える学問なんだ。あなた自身も、いま、歴史をつくっているんだよ。そういうことを突きつけた言葉だと、私は思いました。

歴史製造機

三田も、いまや歴史になってしまいましたが、われわれもハッと気がついたら、すぐに過去です。やっぱり、われわれも歴史製造機なのです。人間は、感性の機械であるのと同時に、歴史製造機でもあります。

その人が幸せかどうかは、死の瞬間にわかるといわれます。生きてきた人生は、その人なりの歴史であって、その歴史が、幸せかどうかのバロメーターになるからです。歴史は、常に畑を耕すように、常に、今に応用するのがいいんじゃないかと思います。

歴史は決して純理学ではない。応用学である。三田光一の言葉は、やっぱり鋭いと思います。政治だって歴史の中に生まれ、歴史の中を生きていきます。

楠木正成《くすのきまさしげ》の「非理法権天《ひりほうけんてん》」という旗印が、歴史的に有名です。「理屈は法にはかなわない、法は権力にはかなわない、しかし権力は天にはかなわない」。じゃあ「天とは何か」といったら、「民衆の声と自然」なのです。

昔の人ほど、天というのは民衆の声だと感じているのです。中堅の指導者たちが、神を説くことは、昔は許されません。だから、天を神だなんていうものは1人もいないのです。

面白いことに、「天は民衆の声。民意に、最も神の細胞のありようが表れてくる」というようなことが幾つかの文献に書かれています。ちょっと国家社会主義的だなと思ったりもします。

漫画は子どものおやつです。取り上げないでください

漫画家　手塚治虫《てづかおさむ》

時代を動かすもの

手塚治虫さん（1928〜1989）の「漫画は子どものおやつです」という言葉は、手塚さんがテレビのワイドショーに招待されたときに口にしたものです。ブラウン管の中から全国のお茶の間に届けられ、有名になりました。

これは明るい言葉ではなく、悲痛なものでした。「ああ、漫画家もワイドショーに出られるようになったんだ」と行ってみたら、全国PTA連合会のお偉いさんが待っていました。「あんたが、マンガやアニメなんかをはやらせるから、子どもが勉強しないんだ」とつるし上げられます。そのとき、手塚さんは目に涙を浮かべて、「マンガは子どものおやつです。取り上げないでください」と叫んだのでした。

子どもたちから奪われないように、「心のおやつです」と擁護したマンガ・アニメは、

今や日本最大の輸出品目です。これが、時代の変化の凄さです。そして本当の凄さは、一人の人間が時代を変化させたということでしょう。

１９７０年代までは、屋外でみんなが集まって歌を歌うだけで不良とされました。１９７１年に岐阜で行われた最初のフォークジャンボリーは、開催30分後に機動隊が突入しました。今考えたら人権蹂躙どころか、ばかばかしい話です。人が手放しに楽しむことを許してはいけない。こういう時代が、戦後にもあったのです。戦後のほんの短い時の経過のなかで、１８０度文化が変わっています。レコードがＣＤになって、データ配信になり、ああ、変わった、変わった、とみんないうけれど、それどころの話ではありません。

マンガにしろ、フォークソングにしろ、そんなものに関わるのは不良だ、犯罪だと否定され、たたかれたものが、逆に世の中を豊かなものに変えていったのです。

面白いなという笑顔

若い方にお話しする機会がよくあります。若い方たちは、画一化社会がよくないとか、今の政治がだめだ、社会がだめだ、制度がだめだ、家庭がだめだ、人の愛し方がだめだとか、いろんなことをいわれます。

問題意識をいっぱい持つことはいいことで、感心させられます。でも、「そこまでいったら、もう一歩進んで、気づいてほしいことがあるのだけれど」と、私は思います。問題意識をいろいろ持つ人の中に、もう一押しして、「社会を面白くしたい」と考える人がいれば、その人一人で社会を変えてしまうことができる。

手塚さんという人は、そこに気づいた人です。マンガに夢中になっている子どもたちを見て、マンガは子どものおやつなんだ、と考えている大人もたくさんいたでしょう。しかし、このマンガの可能性を、自分の生き様の中で押し広げようとするエネルギーを持った人は、そうはいなかったと思います。

手塚さんは、ペーパーアニメを描きまくりながらも、動画に着手します。動画は、とんでもない数の絵を描くわけで、何度も過労で死にかけています。手塚さんという人は、本業はお医者さんのはずなのですが、そこまでしてやり抜こうとした人でした。

世界征服とは

子どもが喜ぶことを、手塚さんくらい本気で考えた人はいないかもしれません。それを本気で一人で考えた。一人で変えるぞと思ったから、アトムが生まれ、メルモちゃんが生まれてきたのです。

彼のテーマは、時間を超えて、子どもが大人を変えていくことなのです。それが、あの『火の鳥』という壮大な超時間哲学になっていくわけです。傷だらけの大人と小さな女の子が難病を超克してしまう、あの『ブラック・ジャック』にまでつながっていきます。

手塚さんの、根本的なストーリーの哲学は、一人の子どもが大人を変えることです。そそして、未来を変えてしまう。手塚マンガの原点が、そこにある、と私は思っています。

今の若い方一人一人も、手塚さんと同じところにいるのです。

自分が「何かで世界を変えるんだ」と思ったなら、もう同じ土俵に立っている。何かある一点、自分しか知らないある一点、自分が楽しいと思っているある一点が、ひょっとしたら、みんなを楽しませる一点になるかもしれない。

そこをうまくつなげられれば、1つの分野での世界征服です。誰もなし得ない、その一点に立てば、それだけで世界征服なのです。

手塚に学ぶことは、「一点から誰もが世界征服できるんだ」ということです。この世界征服というものは、「楽しくさせないとできないよ」と手塚さんは教えてくれています。

金を稼ぐよりも時間を稼げ

経営者　本田《ほんだ》宗一郎《そういちろう》

しゃべりまくる人

本田宗一郎さん（１９０６〜１９９１）には、一度だけお会いしたことがあります。神様チックな人だと思っていたら、とんでもない。ガラッパチで、うわーっとよくしゃべる。ものすごくエネルギッシュな饒舌ですが、ふつうの町の修理屋の親父のような気さくさがありました。

「きみは面白いことやってるね。ぼくは、最後はＵＦＯをつくってみたいんだ」とおっしゃっていました。ＵＦＯと関わる人たちと会話して勉強されていたようで、けっこう、知識もありました。どうも、私の本も読んでいらっしゃったようでした。

本田宗一郎の言葉は、たくさんあります。ネットを開けば、墨書で書かれたいろんな言葉が色紙で売られています。そんな中では地味な言葉ですが、多くの人に意味がわかっているかな、と感じる言葉があって、この言葉が好きなのです。

「金を稼ぐよりも時間を稼げ」

一代で車をつくる会社をつくり、いつでも作業服を着込んで、整備工たちのはたらいている現場に出て、楽しそうにみんなと話をする本田宗一郎が、「金を稼ぐよりも時間を稼げ」と言った。

いろんな解釈ができると思うのですが、私なりの解釈で座右之銘としているものです。

目的は時間だった

最近、拝金主義という言葉は死語になっているかもしれないですが、バブルの頃に、世の中が金で踊る状況を見て、「拝金主義」と批判的にいう人たちがいました。しかし今のほうが、拝金主義がすごいのではないか。

テレビのワイドショーでも、「金持ちのお宅拝見」とかを、週に1回はやっていて、「すごい人だ、すごい人だ」と騒いでいます。豪邸を訪問して、その人にインタビューして、「いかにすごいのか」を見せる番組です。

着ているおべべと、家の外側の皮一枚を見て、みんなで「すごい、すごい」というのだけれど、「本当に、この人がすごいのかどうか、わからないな」と、私などは思ってしまう。

お金は手段なのです。家を建てるノコギリやカンナです。つまり道具。お金というものは、あくまでも、この世的な大きな目的を達成するための道具です。道具も、ばかにしないで丁寧に扱って、大切にストックしておくことは大事です。貯金することも大事、いっぱいお金を稼ぐことも大事。しかし、それは何かのために稼いでいるわけです。

いろんな方のカウンセリングをやっていると、お金を持っていらっしゃる方が相談に見えます。意外と、お金を持っていらっしゃる方のほうが、心の悩みが根深かったりする。だからといって、貧乏のほうがいいんだなんて、1杯のかけそばみたいなことを、私はいいません。

「お金で愛は買えないけど、お金で時間は買えるんですよ」と、よくお話ししています。さらに詳しくいえば、「時間を得る」ためには、お金のほかにもいろんなものが必要です。移動手段、アイデア、いろんな場所を知る、人を知る。そうしないと時間は稼げない。

豊かな時間とか、ゆったりした時間とか、好きな人との時間とか、日に当たる時間とか、人生の楽しみは、ゆとりのある時間帯の中にあります。時間を目的にしないと、どんな道具も役に立たないのです。

お金と時間のパラドックス

私は、常に時間を稼ぐために働いています。そして、今、時間があることがすごくうれしいのです。そのゆとりのある時間の中で、次により楽しめる「時間を稼ぐためのお金の使い方」って何だろうな、と考えるのです。「稼げ、稼げ、金を稼げ」だけで生きている人たちは、使い方がわからなくなる。だから、とんでもないことになる。お金の山に埋まって、喜びを失い、苦しんでいます。

世界一のお金持ちといわれたアンドリュー・カーネギーは、晩年、身内に一銭も残さなかったそうです。家も、ホテル住まいだったといわれています。彼は、お金の使い方がよくわかっていました。

カーネギーは、全米に２０００棟以上の図書館をつくっています。ゴビ砂漠の恐竜探検隊にまでお金を出しています。人の心にとっての潤いとなり、人類に有効な時間を与えるものと認めたものには、惜しみなくお金を出す。これが、カーネギーのお金の使い方です。「タイムイズマネー」などといいますが、時間を豊かに使おうと思ったら、お金が必要でしょうか。なくてもできますが、お金を稼げれば、さらに有効な時間を楽しめるのです。ここに気づかないとあかんのです。

晩年の創造として、いろいろなUFOを考えていた本田宗一郎さんは、さぞや楽しかったことでしょう。喜びの時間。そのためのお金の使い方をする人だったのです。

考え方×熱意×能力＝人生と仕事の結果

経営者　稲盛和夫《いなもりかずお》

足すと掛けるの差

私は、稲盛和夫さん（１９３２〜２０２２）にも直接お会いしています。講演もよくやられた方でしたが、後続の経営者の指導もよくされました。日本航空を再生させたときは、労働組合とまで膝を突き合わせて話をした、現代まれに見る名経営者です。窮地もたくさん経験しているすごい人で、セラミックを開発してからは、「武器をつくっている」と、ひどくたたかれたこともありました。

稲盛さんに関しては、名言集が山のように出ています。彼の言葉の中で一番有名なのは、彼が説いた成功の方程式です。「考え方×熱意×能力＝人生と仕事の結果」。私は、この稲盛方程式に共感を覚え、大変に好きなのです。

多くの人たちがこの言葉を一見したときに、見逃しがちなところがある、と私は思っていました。実際、言葉だけを追うと、「当たり前じゃないか」という人も多い。考え方と根底にある熱意、そして能力があれば、いい仕事の結果が出るに決まっているじゃん、喜びが人生の中に生まれてくるに決まっているじゃん。なんでこんな当たり前のことをいっているんだと、こう受けとる人々が多いのです。

私は、稲盛さんがこれを掛け算で表しているというところが面白いなと思ったのです。ふつうの人だったら、「考え方＋熱意＋能力＝人生と仕事の結果」と足し算で表すのではないか。しかし彼は、掛け算で表している。ここが、稲盛さんの哲学というか洞察力の面白さです。考え方と熱意が化学反応を起こすと、倍々ゲームになる。考え方と熱意と能力が接触して化学反応を起こすと、さらに倍々ゲームになる。それをいっているのです。

© Science History Institute. Conrad Erb

掛けるということは、どれか1つがゼロだと、全部がゼロになってしまうということです。考え方だけの人がいます。よくプレゼンするのだけれど、それればかりの人もいます。人のことなんか全然考えずに、セールスだけする人もいます。ナルシストもよく見うけます。「僕には能力があるんです」「僕はいつか認められるんです」といわんばかりの人。誰一人として、成功した人を見たことはありません。

お金に物質化する

「これから経営で成功したいんです」といって、いろんな人たちが相談に来ます。「こんなアイデアがあるんですよ、このアイデア、すごいでしょ」というタイプの人がいます。アイデアが、お花が咲くように次々湧いてくるタイプの人もいます。聞いてみると、それぞれのアイデアは確かにいいのです。

でも、残念ながら、こういうタイプの人が成功したのを見たことはない。どこに問題があるのか。その答えは、稲盛方程式にあります。アイデアがひらめくだけでは極めて不十分。どうやって形にして、誰と協力して、どう営業してお金に落とすか。ここのプロセスに必要な熱意があるのかどうか。ここなんです。人を口説く力です。社会に宣伝しつづける力、見せつづける力、それが絶対的に必要なのです。

今は、インターネットの中でいろいろとそういうことができます。楽になったとはいうものの、その分だけ、自分が創作したり発信したりしているものを、「熱心に、楽しくお話ができる人」は、少なくなったように思います。

コンサルタントをやっているものですから、いろんな企業へ行って、プレゼンテーションをよく聞くのですが、「ああうまいな」「グッとくるな」というものにあまり出会いません。1人か2人には出会ったことがありますが、そういう人たちは企業なんかに属せずに、1人で大金を稼いでいます。

新しい考え方がいっぱいある、世の中に訴えたい考えがたくさん湧いてくる、それはいいでしょう。しかし、それを「お金というものに物質化する」「利益という物質に変える」、そのためには、人に対する訴えかけと熱意が必要なのです。熱意を持ってそれを持続していると、自然とそのプロセスの中で、さらにその能力は育っていくと私は思っています。

易の8つの能力

易の世界は、意味のない、占いという遊びの世界ではありません。易では、根本的に人間の能力を8種類に分けています。1つは、集中する力、つづける力、岩のようにつづいて積み重なる力です。2つ目は、人間関係を引き寄せる力。3番目は、自由を求める力。4番目は聞かざる力。5番目は、何でも聞いて受け入れる優しさ。6番目は、発信する弁舌力。7番目は、リーダーシップを取る力。8番目は、カリスマ力です。易では、古くからこの8つが人間にどれも必要な8つの鍵穴だといっています。

この易の視点からいっても、「このアイデアすごいでしょ」ではダメだということがよくわかるはずです。考え方を練って、いいアイデアをいっぱい練って、たくさんのアイデアのストックをつくって、それを逆に絞り込んでいく。

「どれもすごいでしょ」と並べているのではなく、絞り込んで、これをやると決めたら、次に時間管理にかかります。時間を短時間に絞って、イメージをはっきりさせて、必要な人間を瞬時に集めて、資金を調達して、形にして、稼ぐ、お金に落とす。

お金に落とすためには、周りの人の利益も考えなければいけない。手伝ってくれた人の利益も考える。それをやっているうちに、8つの能力は、自然にスパイラル状に上がっていくものです。「考え方×熱意×能力」というのは倍々ゲームです。

その結果、何が出てくるかというと、「人生と仕事の結果」。つまり、素敵な現象が現れてくるのです。素敵な世界観が出てきて、自分の周りに素敵な家族ができる、素敵な仲間ができる、素敵な町ができる。こういう幸せなことになっていくわけです。

進行形の思想

大くくりに「考え方」というとわかりづらいかもしれません。「誰もやっていないものを思いつくこと」と、こういったらどうでしょうか。稲盛さんがやったことがこれでした。稲盛さんは、セラミックというものが、これから使えるものになると思いついた。鉄より硬いプラスチックと考えたわけです。ネタとなる、このセラミックの発想は、すでに旧日本軍のなかにもありました。

そもそもアメリカの宇宙船のボディには、日本の焼き物が使われています。熱や力に強い軽い素材はセラミックにありということは、わかっていた。稲盛さんは、それが工業のさまざまな分野に生かされることによって、世の中を変えうると見抜き、クレサンベールという人工宝石までつくります。

最も効果的な「考え方」は、誰も考えつかないものを考えることでしょう。このためには、まったく新しいことを考えつく「専門知識」がなければならない。これにこだわることはないよ、と稲盛さんの成功は教えているのではないか。今あるさまざまな知識、ふつうの人が当たり前だと振り向きもしないような知識、それを組み合わせることによって、新しいものが生まれる場合があるのです。

こういうものは、誰でもが考えつく可能性があります。やろうと思えばできる。そもそも地頭がよい悪いは関係ない。まずは、考え方です。そういうもののために、いろいろ考えるという考え方、行いながら考える、という考え方です。

考えをより強固なものにするために、本をいっぱい読むとか、勉強するとか、専門家にいろんな意見を聞きに行くとか、協力者を増やすとか、そういうことをやりながら考える「考え方」、つまり進行形の考え、思想です。

人の感情を理解する

よくあるのは、「考え方がまとまったら形に移そうと思っています」という人です。はっきり申し上げて、成功した人は見たことがない。「考え方がまとまってから」という考えは違うのです。そういうのは、頭でっかちというのです。何かを、あれもこれも一生懸命やりながら考えるのです。考えと熱意、行動が、本当に合致しないと何も動かない。

一方には、熱意だけの人がいます。このタイプの人は、他人のことがわからなくなる。「ブワーッとセールスするんだ、押して押して、押しまくれば売れるんだよ、ほら売れただろ」。そんな売り方をしたら、二度と買ってもらえない。裏で、悪口をパンパンにいわれるのです。そういう営業マンは5年持たない。

私は、営業の会社にもいたことがあり、そういうセールスマンをたくさん見ました。最初、ものすごい成績を上げます。短期間でブワーッと売上を伸ばすけれど、実態は押し売りです。あっという間に売れなくなる。そうなると、その営業マンは、「世の中は俺を認めねえんだ」「会社は俺を認めねえんだ」と啖呵を切って辞めていく。こういう人にこそ、稲盛方程式を知ってもらいたい。熱意だけ暴走してもだめなんです。

必要な最後の能力というのは何か。一番重要なのは「理解する力」です。人のいろいろいっていること、人の感情を理解する能力です。ここが大事なのです。

人の「知識」を理解するのではなくて、「感情」を理解する。そういう能力がいちばん大事です。「どうしたらこの人は気持ちよくなるんだろう」と、相手の感情を探り、理解できれば、適切なお話ができる。それができれば、協力者も増えていくし、お客さんもつかめていきます。

稲盛さんという人は、そういったものが整っておられた。だから「考え方×熱意×能力」という非常に簡単な理屈として表現されたのでしょう。それが「人生と仕事の結果」だという哲学を説かれたのだと思います。

ゆとりと厳しさ

稲盛さんは、意外と周りに厳しい人でした。かつて、精神的な指導者とか、能力的な人とか、宗教家とか、そういう人たちが呼ばれて経営者の前で講演するような集まりを主催している人がおられました。たま出版の社長で瓜谷《うりたに》さんという方でしたが、その時のクラブに稲盛さんが入っていたのです。

稲盛さんは、常に鋭い質問をして印象的でした。能力者という人たちは、「こういうすごいことができて、こんなことがあったんです、あんなことがあったんです」というような話をしがちなのですが、稲盛さんは突如として、「で、そういう能力があって、あなたは何をやりたいんですか。どうしたいんですか、その能力で。それで一体何がわかるんですか」と質問される。いつも厳しいのです。

当時、新参メンバーになったある人がいました。その後、精神世界では大変に有名な経営者になるのですが、ちょっと暴走して、勝手に自分のところのパンフレットをわーっと配ってしまった。稲盛さんは、それを横目で見ながら、「虚業と実業はあるな」といって帰られ、二度と集まりに来ませんでした。

私も、稲盛さんに「あなたは、どうしたいのですか」といわれました。「面白いことをやりたいです。人がやらないことをやりたいです。能力者、能力者というけど、みんなスプーンを曲げたりしているじゃないですか。あんなことはもうやりたくないですよ」と答えたら、「面白いね」っていわれました。

経営者といえる人間は、一番の資本はオリジナリティだとわかっています。それをお金に変えるルートを、血の出るような努力をしてつくりあげ、自分の手に持っているからこそ、ゆとりがある。

私の印象にある稲盛さんは、精神的にすごくゆとりがある人でした。しゃべりも上品だったし、質問も鋭かった。「問題意識をきちんと持とうよ」という芯棒があって、すごく厳しかった。ポジティブシンキングのペラペラな人じゃなかったのです。

自分が方向を変えたら道はいくらでも開ける

経営者　松下幸之助《まつしたこうのすけ》

ひょうひょうとした人柄

松下幸之助さん（1894～1989）とは、直接言葉のやりとりはしていません。すぐ近くで、随行する人たちと一緒に歩いたことがありました。背筋がシャンとしていて、上品な眼鏡をかけて、ちょっと痩せ型のいい男です。

よく、おしゃべりになられていましたが、本田宗一郎さんとはその点で、タイプが似ているかなと思います。ソニーの井深さん、本田宗一郎さん、松下幸之助さん、みんなよくしゃべるというのが特徴だったと思います。

松下幸之助さんのおしゃべりは、ひょうひょうと淡々としたものでした。意外に気さくで、ふつうに喫茶店で会ったらわからないでしょう。

松下さんも、言行録がいっぱいネットにあふれていますが、好きだったのは、「自分が方向を変えたら道はいくらでも開ける」という言葉です。

苦しみを総称して「首が回らなくなる」といいます。方向を意識できなくなる状態をいっているのだと思います。今、自分がどこにいて、何が問題なのか、それがさっぱりわからなくなる。方向がわからないから、現状を変えられない。その苦しみを、首の運動で表現したものです。

私たちが今いる場所を知るには、左右・上下・前後・中心という７つのポイントを考えなあかんのです。ユダヤ教で大切にされるシンボルは、７つの燭台。７本のろうそくを立てる燭台が重宝されるのは、その７つを象徴的に表していると思います。「左右・上下・前後・中心の７つのポイントを意識すべし」という教えでしょう。

私たちの苦しみは、象徴的に方位でも表せるでしょうが、思想的な作用もあるかもしれないし、未来・過去という問題もあるかもしれないし、自分より優れている・劣っているというような問題もあるかもしれない。

そういうもののバランスで、われわれは成り立っているのだけれど、それのメモリー設定が、偏ったまま止まっていることが多いのです。

私は、ポジショニングと呼んでいるのですが、得てしてこのポジショニングが偏向したままになっている。そのため私は、毎日なるべく意識してリセットしています。

可能性だらけの存在

「今の若い者は」なんてセリフはいいたくなかったのに、50歳を過ぎたら、気づかずいっていたとか、若い人には、「おっさん、おっさん」といわれるし、「今の年寄りは老害だ」ともいっている。「老人の害」なんて言葉は、昔は考えられなかった。老老介護、5080問題なんてこともいわれます。

いやいや、すさまじい時代になったと思いますが、どんな問題であれ、心の目の見方を、過去のものから調整するしかない。自分が、自分で、見方の方向を変えるしかないのです。「みる」という意味の漢字には、いろんな漢字があります。地上に足を立てて、二本足で立った状態で見ている形が一般にいわれる「見る」です。

木によじ登って、途中に木を抱きかかえて「みている」様が「相」で、「相る」です。木偏に目ですが、これは木を横にして抱きかかえて見ている状態です。鳥に乗って「みる」のが観察の「観」です。隣が鳥偏で、鶴や大きな鳥を表すつくりです。鳥に乗ってみる「観」は、俯瞰をするということ。

私たちは、ここにいながらにして、いろん

な角度から見ることができるのです。上から自分を見る、下から見る、左右で見る、前後で見る。まったく動かないで今を見つめる。こういったことが、瞬時にできるはずです。

精神世界では、「未来から今の自分を見てごらん」とよくいいます。いかに自分がちっちゃいものか。宇宙を見上げて、その「宇宙の広さから自分を見てごらん」ともいう。「小さなものだ」という自分の見方は、自分は可能性だらけだという思いにつながります。99・99％以上可能性だらけ。しかし、得てして、逆に０・０１ぐらいに見る視野が狭まってしまう。これは困ったことです。

閉じていく道

ある方が相談に来られました。私よりずっと年上の方で、長く経営をやられた方です。彼は延々と「こういうことをやっていて、こうしてこうして、こうしてこうして、で、お金が入らないんですよ」みたいなことをいわれる。

いろいろ聞いていったら、現在も年収で３０００万以上はちゃんと稼いでいます。しかし、お話になることが小さな世界に完結している。目先の技術論やら、家族内の問題やら、今の貯金がどれだけあるやら、銀行からどれだけ金が出るだ、出ないだ。

その人とは、つき合いが長いので、私は昔の人柄をよく知っています。創業時は、すごく大きくいろんなものを見ていた人でした。だからこそ、長いこと何十年も仕事がちゃんと続いてきた。最初の原動力がそれほど大きかったからです。それが、こんなになってしまった。ある意味では、誰もがこうなりがちだともいえます。

企業は30年続くところは2％といわれています。この原則は、戦前から戦後にかけて変わっていない。

最初は素晴らしかった経営者も、長い時間の中で見方が狭くなりやすく、ほうっておくと、知らぬ間に見方が狭くなるものです。そういう問題意識を持って自分を見ていないと、破滅に向かいます。

松下さんは、このことをいっていたのです。

自分が方向を変えられなかったら、ダメになるぞ。自分で自分の方向を変えなかったら、道はいくらでも閉じていくぞ、ということです。みんなに叡智を残そうとした幸之助さんのこの言葉は、最大の遺産だと思います。

松下電器も人のアイデアばかりまねしてといって、まね下電器といわれたことがありました。幸之助さんは、電球が普及しはじめたころ、二股ソケットというものをつくったのです。

電球をねじこむソケットが、すでに世の中にあります。それを二股にした。それだけで、売れに売れるわけです。今あるものを、ちょっとひねっただけ、といわれたけれど、後でいうことは簡単です。

1つの穴しかないソケットの横に、もうひとつソケットをつけようと考える。このことが当時は世界征服です。それだけで、ほぼ独占事業になってしまう。

松下さんは、「道はいくらでも開ける」ということを、ご自身ではっきりと実践しつづけた人だな、と思います。

日々新々

神道家　山蔭《やまかげ》基央《もとひさ》

対面で教える

山蔭神道という古伝神道があります。山蔭家は、天皇の外戚といわれる名家なのですが、そこの先代の宮司で山蔭基央さんという方がおられて、この方には、子ども時代に本当によくしていただいたのです。「日々新々」という言葉を親しく教えていただいたのは、山蔭基央さん（1925～2013）でした。

基央さんは、「精神的なものを目指す人若い人たちを、横串でつないで、大きな連合体をつくろうじゃないか」と唱え歩いておられた。スーツケース1個だけ持って、身軽にいろんな所へ行っては、よく笑って、楽しい話をいっぱいしてくれました。そういう素晴らしい宮司さんです。

この山蔭さんに、子どもだから聞けるけれど、そうでなかったら怒られていたかもしれない愚問をぶつけたことがあります。「日本神道というのはどうなんでしょう。一番古い教えっていうのは何なんですか」と、尋ねたのです。

山蔭さんは、「そうだなあ」とにこにこ笑いながら、「僕は一時期、いろいろ研究しながら、道教の影響だと思えるものを、神道の中からザーッと引き算していったんだよ。そうしたら1つしか残らなかったんだ」と答えてくれました。

「え、1つなんですか」

「そうなんだよ。その1つ残った哲学が、日々新々という哲学なんだよ」

「そういえば、その言葉は友清歓真の本の中で読んだな」と子どもの私がいったら、山陰さんは、「そうだろうな」と、うなずいていました。

「古い神道、古神道というものを追いかけていけば、日々新々しか残らない。やっぱり友清もそう考えたんだろう。この日々新々というのは、神を天照大神と定め、その神と神ながら、一心同体だという設定があって、だからこそ、日が昇ったら人間は生まれるんだ。日が沈んだら死んじゃうんだ。でも、毎日生まれ変わるんだ。こう考えたのが、日本人の根本哲学で、根本宗教なんだよ」

山蔭先生は、そんなふうにおっしゃったのです。

私は、子ども心に単純に解釈して「それはいいですね」と感動しました。「そうか、今日の嫌なことは、明日にはまったく意味がないんだ」と思い、しばらくはそういうお気楽な調子で生きていたように思います。

勘がよくなる

私たちが生きていく上で、記憶と感情は、取り扱いが異なるでしょう。記憶は残していかなければいけないけれど、感情のなかの特に悪い感情は、毎日ケロッと忘れてしまうほうがよい。これが、楽しい生き方の入り口かもしれないと思います。完全に消しゴムで拭い去ることはできないかもしれない。でも、「嫌な感情なんて、その日その日で忘れちまえ。それが一番正しいんだ」と思っていることには意味があります。

自分がいい感情になったことや、周りがいい感情になったことがあったら、その記憶だけを深く自分に刻んで生きていく。こうして生きていくと、振り返ったときに、ああ進化の道のりだったと実感します。霊的なものが豊かになる道のりだった、という感慨にたどり着けるはず。

私には、面白い経験がありました。煩悩を日々、寝る前に少しでも切り取って寝る癖をつけたら、やっぱり勘もよくなるのです。ある時、ちょっと霊感があって、ある場所に行かなきゃいけないなと強く感じました。夜中にバイクを飛ばして、今でいうパワースポットですが、大きな石座がある、霊的な聖地といわれる場に一人で行きました。

その上に小さな祠があるのですが、白装束で、宮司のヒレをつけた人がいるのです。ゆっくりと祝詞をあげています。ふと見たら、山蔭基央さんだった。「ああ、神様が来るといっていたのは、おまえだったのか」といわれて、めちゃくちゃびっくりしたことがあります。

そういう経験は、山蔭さんの他にもう1つありました。その人は、合気道の重鎮といわれた津田要一《つだよういち》さんというお医者さんです。植芝さんの直弟子で、植芝さんの臨終の脈を取った先生で、沖正弘さんの臨終の脈も取っています。合気道の世界では有名な先生で、日本漢方医学会の頂点もやられた人でしたが、素敵な先生でした。百人町の赤ひげといわれていました。

初めて東京に行こうと思って、家を出てきたときのことでした。当てもなく新宿駅の西口の改札から出た所に立っていたら、男の人が近づいてきて、「いや、なんか導かれて来たんだけど、君、何か霊的なことに関心ある?」ときかれました。

それが津田先生でした。頭がきれいにはげ上がった電球みたいな頭をした先生で、東京に降り立ったばかりの青年だった私は、ああ怖い、怖い、こういう人についていったら臓器を売られちゃうんだとか思ってぶるっていた。すると、先生はこういわれた。

「ちょっといいにくいんだけど、龍にそういわれたんだよ」

龍神が来て、昨日の朝、啓示を受けたんだというわけです。

「そうですか」って、私は答えました。

「君はなに、東京へ出て来て、何をしたいの？」

「取りあえず、どこか東京の非常に強い神社にでも伺って、一言、仲間に入れてくださいって、頭を下げようかなと思って」

「そうだね。じゃあ新宿だし、ここには熊野神社の大きな所があるから、そこでも行ってみるか」

そういう話になって、ふっと表へ出たら、しんしんと雪が降ってきたのです。忘れもしない2月2日。2人とも降ってきた雪を頭に乗っけて、熊野神社へ行って、一礼して、ひゅっと見たら、白い細長い龍のようなものがシューッと社に入っていくのが見えた。津田先生も私も龍が見えていて、ああなんかうまくいったね、終わったね、みたいな安堵感がありました。

そうか、そうか、静岡から龍を運んできたんだな。そんなことを考えながら、その後トボトボ駅まで帰って、遅くなっていたので、そのまま2人は別れました。

その後もう1回だけ、津田先生には会っています。先生のお話を本格的に聞こうと、若い連中を集めてお話し会を1回だけやりました。そのとき「また寂しくなったら、秋山くん、いつでもおいでなさい」と言われて、少したってから問い合わせたらすでに亡くなっていらっしゃいました。

やっぱり世界の平和の光は日本からはじまる。愛と調和の完全世界が実現する。必ず実現する！

思想家　中村天風《なかむらてんぷう》

気高い予言

天風会館が、昔、国分寺のすぐ横にあって、そこの卒業生が、いま芸能界から何かから多角的にいろんな世界におられます。中村天風先生（１８７６〜１９６８）は、人を励ます前向きな心構えから始まって、ヨガの呼吸法から、ヒーリング、超能力に至るまで、幅広くお話をされていらっしゃる方です。経営の世界では、いま再び天風さんという声もきかれます。

私が、中村天風の教えの特異性を感じたのは、世界平和の予言です。ただ一言、彼は予言をしているのです。「永遠の平和が到来する」といっているのです。今、戦争が進行していて、いろんな国がまたばかな対立を繰り返し、時代は人間の業の深さとアホさを繰り返している状態です。そのためか、精神世界を説く人たちも、今の問題意識を強めるほうの予言ばかりに偏る傾向があって、「そんなことをいっていたら、それが形になっちゃうわな」と、私なんかは心配してしまいます。

不思議なのですが、ポジティブシンキングを説きながら、世界の平和を明確に予言する人があまりにも少ない。天風さんは、今、かじ取りを間違えると全人類の存亡に関わる一大事を迎えかねない、ということもいっているけれども、「永遠の平和は必ず訪れる。私は確信している」といっている。私は、これが気高いと思っています。

愛を信じあう大前提

「さあ、プラスに考えましょうよ」という教えを説く人たちの多くは、いろんな本のパクリを繰り返しているような話ばかりで、芳しさや、文学的な心地よさはあまり感じません。ポジティブシンキングを生き方に生かす上で、いちばん大事なのは、自分が今考えられる「最も大きい長期目標」を「最も楽観的」に掲げることなのです。

身近な問題意識を持つことが強すぎて、「今はだめだ」「今週はだめだ」「今月もだめだ」と、目先のためが多すぎるのが、現代だと思います。永遠に人間は業《ごう》が深いのだという認識が広がっているようにも感じます。

釈迦がいった、「この世は苦の娑婆である」という言葉を拡大解釈して、「やっぱり人間は愚かなのだ」「苦しみを繰り返すのだ」、それがふつうじゃないか、という見方を取る人もすごく多い。

しかし天風は、「世界の平和の光は日本から始まる」、そして、「愛と調和の完全世界が実現するんだ」「必ず実現する」と、断言しているのです。ここがすごいところだと思う。究極のところで、ウルトラポジティブに考えているということが大変に強力です。

目先の薄っぺらいポジティブを説いて、遠い将来は悲観的。そして、何度も終末論を繰り返す。「2025年にグレートリセットだ」と、世の中にはそんなことをピーチクパーチクいう輩も出てきています。

特に若い精神指導家が終末論ばかりを説いて、半ばお客さんをおどす材料として使っているような側面もよく見受けます。「それはちょっとね」と、苦言を呈したいと私なんかは思う。

「問題意識を持たなければ変えられない」。それは本当です。しかし、間違えてはいけない。現状に起こるいろんな出来事とか、心のあり方に対する問題意識は、「よくするため」に持たなければいけないわけです。

何が問題だ、あれが問題だ、あれが不満だ、あれができていない、あれがうそだ、とか、コンスピリチュアルといわれる陰謀論も含めて、みんな叫びまくっている。

問題意識があるのはけっこうですが、最終的に、人類の世界平和が実現する、理想的な社会が訪れる、お互いの愛情を信じあえる時代が訪れる、ということが大前提でないと困るわけです。そういう大道の教えがないことが、今の問題点だと思います。

手前にある自分の幸せ

目先の細かい問題を乗り越えるには、綿密なイメージと、綿密な考え方の構築と、行動計画と、それともうひとつ、自分の体がしっかり健康であることが大事です。そうでなければポジティブに物事を考えられない。自分の身に合った健康法をしっかり見据えなければだめ。身体性が乱れていたら、まず平和なんて考えられません。

何かを考える一番手前が、不安定なのが現代人でしょう。多くの人たちが体に不安になって、医者は再び大繁盛です。こういうときほど、身体性に対する自信、自分の未来に対する計画、その時々のイメージが求められます。

そして、最も大事なことはなにかといったら、究極の未来において、われわれの子孫は絶対に繁栄するというものの見方です。それだけは、きちんと持っておくということに尽きる。ホップ・ステップ・ジャンプじゃないけれども、最後のジャンプのイメージをしっかり持つことだと、私は思います。

中村天風は、「永遠の平和が到来する」と言っています。「それはもう間違いなく見えている」とまで言っています。そのために、「われわれは、どれだけ幸せになるか」を説いているわけです。

その手前のことが読みきれないと、中村天風を読む人がいくら増えても、結局、世の中は変わらないということになる。天風のお弟子さんたちには、ぜひとも奮起していただきたいと思います。

著者略歴

1960年、静岡県下田市に生まれる。国際気能法研究所所長。大正大学大学院文学研究科宗教学博士課程前期修了。少年期から超能力者として有名になり、その後、ソニーやホンダ、富士通など多数の大手企業で社員の能力開発や未来予測のプロジェクトに関わる。数万冊の古文書・古書を所蔵し、精神世界、宗教、パワースポット、日本人の呪術・霊術を研究。

著書は、『山の神秘と日本人』『宇宙意志が教える最強開運術』（以上、さくら舎）、『リアル・シンクロニシティ・フォースカード』（JMA・アソシエイツ）、『しきたりに込められた日本人の呪力』『怖いほど願いがかなう　音と声の呪力』（以上、河出書房新社）など100冊を超える。

心《こころ》の超人《ちょうじん》に学ぶ！

――生きる力が湧いてくる34のメッセージ

二〇二四年四月六日　第一刷発行

著者　秋山眞人《あきやままこと》
発行者　古屋信吾
発行所　株式会社さくら舎　http://www.sakurasha.com
東京都千代田区富士見一-二-一一　〒一〇二-〇〇七一
電話　営業　〇三-五二一一-六五三三　FAX　〇三-五二一一-六四八一
編集　〇三-五二一一-六四八〇
振替　〇〇一九〇-八-四〇二〇六〇

装丁　村橋雅之
カバー写真　稲村不二雄
印刷・製本　中央精版印刷株式会社

ISBN978-4-86581-422-4